飽きる勇気

好きな2割にフォーカスする生き方

はじめに

変わることはわがままじゃない

2020年で、フリーランスのスタイリスト、エディターとして働き始めてから、20年が経ちました。5年弱勤めた出版社を辞め、その当時、情熱も時間も捧げていたサルサを本場で習いたくて、中南米に向かったあのころ。正直、明確なキャリアプランはなく、「いまと同じ働き方で、同じ場所に、5年後はいない」という確信だけを手に、人から見たら「荒唐無稽な選択」をしたのでした。

半年間、キューバやメキシコ、ドミニカ共和国、ブラジルと回り、私の世界は、ネイビーやブラウン――という静かな色から、赤、緑、黄色、とエネルギー溢れるそれに変わりました。そして、その色の感覚や、「女性らしいファッションを楽しむ姿勢」は、間違いなく私自身のおしゃれはもちろん、スタイリングやディレクションで関わるいまの仕事にも生きているから面白い！

帰国後、名刺には肩書を刷らず——というのも、企画立案、スタッフィング、スタイリング、ライティング、と出版社時代に叩き込まれたすべての業務を、「点」としても、「線」としてもやろうと思っていました。なので、あえて肩書を限定せず、新人フリーランスとして、好きなように使ってもらおうと、活動を開始。そのうちに、スタイリスト本人が前に出てメッセージを発信する「スタイリストブーム」が起き、不思議なことに独立した5年後、「スタイリスト大草直子」と呼ばれることが多くなったので、名刺の肩書もそのように。いま思うと、「これから先は、さまざまなタイトルを複数持つほうが、仕事が広がる。そしてキャリアの寿命が長くなる」と感じていたからこその、フリーランスになりたてのころの決断だったように感じます。

現在は、会社を立ち上げ、スタイリストとしてだけではなく、コンサルティング、執筆、編集のほか、セルフメディアを主宰し、スタートアップブランドのアドバイジング、さまざまなコラボ商品の監修、開発などをしています。全く方向性の違う内容ですが、一つ一つがインスパイアし合い、それぞれで手にしたスキルや情報、人脈をつなぎ、補完し合うことができるから、この仕事のやり方は、まさに自分だけの個性だな、と思っています。

そして、奇しくも、名刺に名前と連絡先だけ印刷した最初の一歩から20年が経った今年、新しい肩書「スタイリングディレクター」としてスタートします。「スタイリング」という言葉を広義で捉えると、整える、導く、組み合わせる――という意味もあります。服だけでなく、人と人、人と物、プロジェクトとプロジェクトを「スタイリング」し、さらに「ディレクション（制作・編集・指揮）」するお手伝いができたらと思っています。

このエピソードからもおわかり頂けるように、この20年間、最初は無意識に、いまは意識的に「面白いこと、ワクワクすること、好きなこと」を選択している私がいます。それは、もしかしたら仕事という大きなカテゴリーのなかのわずか2割かもしれない。けれど、それで良いと確信しています。集中する、力を発揮する、成果が出る。すると、またその2割にフォーカスできる。飽きる、狎《な》れる、流すことを正しく怖がり、そうなる前に、いる場所を移す、やり方を変える、飽きる勇気を持つことが必要です。もしかしたら仕事だけではなく、広義での「生きること」においても。きっとこれからもそれは変わりません。「飽きること」「変わること」は全然わがままじゃない。勇気を持って飽きる、恐れずに変わる——。その考え方、具体的な方法を、この本では紹介しています。

私自身がこの本を作りながらそうであったように、皆さんにとっても、キャリアや生き方を整理する良いきっかけになれば、とても嬉しいです。

第1章　飽きたっていい、逃げたっていい

第2章 仕事は「3つのステージ」で考える

第3章 枠やしがらみから自分を解放する練習

第4章 新しい家族のかたち

第5章　新時代のタイムマネジメントとビジネスマインド

第6章　シェアと軽やかさを鍵に、次の時代へ

第1章

飽きたっていい、逃げたっていい

1

不登校の経験が教えてくれた「逃げたっていい」

スタイリスト、ブランドコンサルタント、コンセプトディレクター。そんな肩書で呼ばれることの多い私ですが、キャリアの始まりは女性ファッション誌の編集者です。

編集者の仕事は、全体の構成を考え、カメラマンやスタイリスト、モデルやヘアメイク、ライターといった方々のスキルを集め、ひとつの企画を作り上げる、ディレクターであり、まとめ役。

ただ、私が新卒で入社した会社は、編集者がスタイリストとライターの役目も担うのが当たり前でした。ですから私自身は、肩書は何でもいいと思っていますし、現在の仕事も、「大草直子」個人として、スタイリストや編集者の立場でメディアづくりに携わることもあれば、経営している会社では、ファッションをはじめ、家具や空間、文具などのブランドの認知度を上げるためのコンサルタントとして黒子に徹することもあります。また、「ＡＭＡＲＣ（アマーク）」というセルフメディアでは、ファッションやライフスタイルにまつわるアイディアをご紹介するほか、ブランドとコラボレーションして洋服を制作&販売するなど、やっていることは、本当にさまざまです。

ですから、ひと言でいまの仕事をお伝えするのは難しいのですが、私というフィルターを通して、ファッションをはじめとしたブランドの世界観やメッセージを伝え、おしゃれに対するモヤモヤやストレスをすくい取り、それを解消するお手伝いをする、言うなればトランスレーター(翻訳者)なのかも。

幸いなことに、10年、20年とキャリアを積み重ねるなかで、16冊もの本を出版する機会にも恵まれました。長くコンサルタントとして関わらせて頂くクライアントさんも増え、皆さんのお役に立てているのかなと、多少なりとも手応えを感じている日々です。

そんななかで、多くの方が「いつも楽しそうですね」とか、「パワフルでエネルギッシュな大草さん」というふうに私を見てくださっているよう。本当にみなさんの目に、私がそう映っているのだとすれば、それは後天的に、仕事を通じて身につけた部分が多いかもしれません。

だって、元々は、とっても引っ込み思案で自信のない子供だったから。

私の父は銀行員で、母は専業主婦。妹がふたりいる三姉妹の長女です。小中高と国立大附属の学校に通っていたということもあり、まわりはお金持ちだったり、勉強や運動が得意な子ばかり。私自身は、ずば抜けて何か得意なことがあるわけでもなく、何をやっても真ん中から少し下のレベルの子供でした。

4年生のときには、いじめが原因で不登校も経験しました。

朝、学校に行く時間になるとお腹が痛くなって熱がでる——そんな毎日でした。

いじめの理由は、単にターゲットになる順番が回ってきたとか、少し目立つから……、みたいな、いま思えばよくあること。けれども、子供にとって学校は、世界のすべてみたいなもの。毎日辛くって、死ぬことばかり考えていたのは、いまでもはっきりと覚えています。

私の記憶では、2週間ほどの不登校期間だったのですが、先日、同級生と話していて、「直ちゃんは4年生のとき、半年学校に来なかったよねー」と言われ、嘘でしょ⁉ って、自分でも驚きました。イヤで、イヤで、きっと、幼心に〝半年間家にいた〟記憶を消していたのかな、と思います。

ただ、そのとき両親から、「学校に行きなさい」と言われたり、学校へ行きたくない理由をしつこく聞かれた記憶は、一切ありません。

それが子供の私にとっては、とてつもなく安心でした。

みんなが学校に行っている時間は、ひたすら読書。この頃から、本を読むことには親しみを感じていたようです。

そんなふうに毎日を過ごししばらく経ったとき、「イヤなら学校を辞めてもいい。だけど、それなら先生には、自分で言いに行きなさい」と、母が学校に連れて行ってくれました。

当時の担任の先生は、熱血体育教師。私が、学校に行かない理由を話すと、「大草、お前いじめられていたのか！」って(笑)。その日をきっかけにいろんなことが次々と解決していき、学校に行けるようになったのですが……。


自分で決めたのなら、自分で先生に言いなさい。

——母のこの言葉には、子供ながらに「そうか。自分で決めたことなら、自分で言わなくちゃ」と、妙に納得したのを覚えています。

この経験はいまでもことあるごとに思い出されることですが、「いま、いるところだけが全てじゃない。逃げたっていい」「自分で決めたことは、自分で責任を持つ」

私が、子育てや生きていくうえで大切にしていることに、少なからず通じているような気がしています。

2

同じ環境にいるのがイヤで逃げ出したアメリカ留学時代

先ほども書きましたが、私のキャリアのスタートは、女性ファッション誌の編集者です。

この道を志したのは中学生のころ。当時の卒業文集に「将来は雑誌の編集者になりたい」と書いてありました！　愛らしくて、甘酸っぱいポエムとともに（笑）。

一方で、鮮明に覚えているのが、毎日なんとなくモヤモヤした気持ちを抱いていたこと。取り柄のない自分がたまらなくイヤで、自分を信じることができず、毎日がつまらなかった。

それに、小学校からエスカレーター式で変わらない環境にも、閉塞感や息苦しさみたいなものがあったのだと思います。

小学校から一緒のクラスメイトたちが抱く私のイメージは、明るくって、スポーツが得意で、いつも元気。例えるなら、チアリーダーみたいな子——みんなが抱く大草直子像に、「本当は、人を羨ましがったり、自己嫌悪に陥ったりと、イメージと違うのに」と、ギャップを感じたりもしていました。

きっと、環境を変えたらこのモヤモヤした気持ちは晴れてくるはず！　そんなふうに思って、高校2年生のとき、アメリカに一年間留学をすることを決めました。選んだのは、日本人がひとりもいない片田舎の学校でした。同い年とは思えないほどに大人びていたり、ヨーロッパ出身のおしゃれな子たちがたくさんいるなかで、「私はなんて、石ころみたいな存在なんだ」と、とにかく驚きでした。


日本では、国立附属学校に通っていたこともあり、ご近所から見れば「良い学校」に通うよくできるお嬢さんです。制服姿で歩いていれば、「すごいわね〜」「勉強できるのね〜」なんて、近所のおばさま方に褒められたりして……。

シックなコーディネイトが好きだった母の影響で、トラッドなおしゃれを楽しんでもいたし、モヤモヤしていたとはいえ、温かくて、それなりに〝イケてる〟と自分を認められる環境で育ちました。

けれども、留学先のカリフォルニア州の公立学校にはそんな私を知っている人なんて誰もいません。

しかも、みんな手足が長くてスタイル抜群！　本当に同い年なの？　と思うほどに大人びていておしゃれ。とにかく積極的で、スクールライフを全力で楽しんでいてキラキラしていた！　自分のちっぽけさに衝撃を受けたのと同時に、「私は私のままでいいなんて、なんてラクなんだろう。〝大草直子〟を演じなくてよいことの気楽さたるや！」と楽しくなったのを覚えています。

同級生のほとんどが、幼なじみみたいな日本での生活とは、１８０度違う世界。

当然、私の性格や「今まで」を知っている人なんてひとりもいません。

歩いていたって、誰にも話しかけられないし、授業だってアメリカの学校特有の個人選択制です。日本のような、クラスメイトと呼べるコミュニティはなく、自分からアクションしなければ、コミュニケーションだって取れませんでした。自分で考えて、行動していかなければ、どんなことも進んでいかない環境だったのです。

たった1年間ではありましたが、アメリカへの留学は、モヤモヤしていた私の気持ちを少し晴らしてくれました。それに、自分が世界のなかでいかに取るに足らない存在かを知れたことも、本当に大きかった。

このままの自分でいい。――そう思えたことは、私をとてもラクにしてくれました。

時に、人生のなかでは、直感的に居場所を変えてみたり、知らない環境に飛び込むことって大切だな、と思います。

それってつまりは、「潮目を使う」ということ。

そして、潮目を使うことは、自分を変えるチャンスになります。私の場合は、高校生でのアメリカ留学でしたが、タイミングは人それぞれ。海外に移住したり、会社を辞めたりというドラスティックな変化はもちろんですが、いま住んでいる部屋を引っ越すのだって同じこと。見る景色や感じる匂い、触れる風を意識的に変えていくことが大切だと思うのです。

大きな環境の変化には、反対する人もいるでしょうし、少なからず不安もあると思います。ただ、少しの無理なら、乗り越えていくべきものだと思っています。

「変えたい」「変わりたい」という感覚は、人生における「潮目」が近づいているサイン。このタイミングを逃さずに、いつだって居場所を変えていける人でありたい、いまでも、そう思います。

3

仕事が私に自信をくれるはず。
だから、就職浪人してでも
編集者になりたかった

アメリカで、ほんのちょっぴりモヤモヤが晴れたとはいえ、大学進学のころになっても、やっぱり自分には自信が持てませんでした。でも一方で漠然と、「私に光をくれるのはきっと仕事だ」。そんな確信もあったのです。「仕事なら努力でつかみ取れる、それは間違いなく自信をくれるはず！　努力をしてつかみ取れるものなら、何としてでもつかまなきゃ！」――追い詰められたように、考えていたと思います。

もともと本や雑誌が好きだったこともありますが、小学校や中学校で、作文を褒められたり、賞をもらうような成功体験があったこと、大好きだった祖父が自費出版で本を出版する経緯を、子供ながらに見ていたこともあり、編集者という仕事に強く惹かれたのだと思います。

自分が得意なのは、書くことや伝えること。好きなことは、ファッションやおしゃれ――そのふたつを組み合わせた仕事が、ファッション雑誌の編集者！　そんな思考回路で、ファッション誌編集者への夢が育っていきました。

じゃあ、そのために大学で必要なことは何？　――そんなふうに考えて、女子の出版社への就職率が高かった、立教大学へ進学することに。

さらに、雑誌づくりはチームプレイです。

高校までは、ジャズダンスや剣道といった、個人スポーツしかやってこなかったため、チームプレイを学ぼうと、大学ではラクロス部に入部しました。

思い立ったらまっしぐらな性格はこんなころから。そして、いまでもそれは変わりません。


大学生活は、勉強はそこそこでしたが（笑）、部活に打ち込み、3年生のときには副キャプテンになったりもしました。もちろん、恋愛も合コンもたくさんして、キャンパスライフを謳歌していました。

けれど、どこか霧が晴れない感じはずっと胸のなかでくすぶっていたんですね。未だ拭えない「何ものでもない自分」への焦りのようなものが……。

4年生になり、いざ就職活動をするときも、出版社はたくさんありましたが、私の希望は、女性ファッション誌一択。

総合出版社を受けることも考えましたが、漫画の編集部に配属されるかもしれません。いろいろと考えた末、私の選択肢は、婦人画報社（現在はハースト婦人画報社）だけでした。そこは、大好きだった「Vingtaine（ヴァンテーヌ）」編集部がある会社、なんとしても「ヴァンテーヌ」編集部に入りたい！　――そんな思いでいっぱいでした。

忘れられないのが、1次試験の日です。

夏の暑い時期でしたが、運悪く、高熱を出してしまいました。フラフラになりながら、会社まで行ったのに、「試験は明日ですよ」と言われる始末……。あまりに辛く、一瞬受験を諦めかけましたが、翌日、まだ熱が下がらないまま、試験を受けに行ったのは、よく覚えています。

「君はどこの編集部に行きたいの？」

「ヴァンテーヌ編集部です」

「だろうね」

――こんなふうに面接官に言われるほど「ヴァンテーヌ」らしい、装いで。

試験はひとつずつ、順調に進んで行きましたが、なんと、最終面接まで行ったのに結果は不合格。もう、人生の終わりのような喪失感でした。

当時、婦人画報社の試験は、他の会社に比べると時期的に遅かったため、他に受ける会社もありません。本当に先がなく、真っ暗でした。

どうしても「ヴァンテーヌ」の編集者になりたかったし、就職試験のための私塾に毎週末通ったり、そのために大学も選んだのです。最終面接まで進んだということもあり、次はきっとリベンジできる、と父に「就職浪人をさせてほしい」とお願いをしました。「どうしてもヴァンテーヌ編集部で働きたいから、お願いします」と。

そこまで言うなら、と、父が折れ、苦手で唯一まだ試験がクリアできていなかった会計学の単位を落とすことで、就職浪人をすることに。大学4年生の12月でした。

そんなとき、婦人画報社から1通の封書が届きました。「会社に遊びにきませんか?」と。よくわからないけれど行ってみようと思い、いざ行くと「新創刊が続いて人手が足りないので、つきましてはうちに来ませんか?」って！「こんなことってあるの!? 嘘でしょう?」と、まさに青天の霹靂でしたが、すぐにグリーンの公衆電話から、母に電話したのを覚えています。

が、就職浪人しようと決めたばかり。まだ、単位を取り切れていないのです。しかも残したのは苦手だった会計学。担当教授に経緯を説明しに行ってみたものの、「普通に試験に合格しなさい」とのお答え……。そこからは、毎日教授室に通い、必死で勉強しました。結果はA判定！ 大学の卒業式は、もうこの世の春！ みたいなワクワク感に満ちていました。

4

「ヴァンテーヌ」が教えてくれたこと。サルサとの出会い

「ヴァンテーヌ」は、私のおしゃれの基礎を作ってくれた、大切な雑誌です。初めて手に取ったのは、忘れもしない、大学2年生の頃でした。

まだバブルの余韻が残っていた1990年代。ブランドものを持つことがおしゃれのステイタス。トレンドもシーズンごとに目まぐるしく変わって、華やかであることがおしゃれの醍醐味。ブランドもののバッグが女子大生のアイコンのような時代でした。

そんななか、「ヴァンテーヌ」が打ち出していたのは、「知性のあるおしゃれ」。お金をたくさん使わなくても、スタイルが抜群によくなくたって、きちんと考えて選び、組み合わせれば、清潔感があって知的なスタイリングをすることができる——そんな、おしゃれの考え方は、当時の私には衝撃的でした。

いまでこそ、ファッション誌が、独自の着こなしルールを提案するのは、ごくごく当たり前のことですが、当時の雑誌では、コーディネイトやアイテムの紹介記事がほとんど。洋服についての歴史そのものが浅い日本で、ファッションを体系化してくれたのは、「ヴァンテーヌ」が初めてだったのではないでしょうか？　本当に頭をガーンと叩かれたみたいな、初めて読んだときの驚きは忘れられません。まさに目から鱗《うろこ》！「おしゃれってもっと身近で、アイディア次第で楽しめるものなんだ」と感じたことを覚えています。

これは、後に聞いたことですが、「知性のあるおしゃれ」というコンセプトは、当時の華やかで戦闘服のようなファッションに違和感を抱いている女性たちがきっといるはず――そんな思いから誕生したのだそう。

まさに、私自身がそのひとりでした。

この話を伺ったとき、「メディアには〝ここにいていい〟という、居場所を作る力があるんだ」と、編集者という仕事の素晴らしさを実感したのを覚えています。そして、編集者という枠を超えて働くいまにも、「伝えることによって女性たちの居場所を心地よくしていきたい」――この思いは繋がっているような気がします。

そんな、大好きな「ヴァンテーヌ」編集部での仕事は本当に、「楽しい！」以外の何ものでもありませんでした。

編集者の役割は、ディレクター業です。

ページ構成を考えてスタッフを決め、撮影を円滑に進め、デザイナーやライターとのやり取りを経て、印刷所に入稿し責了するという、雑誌作りの全体を把握するのが仕事です。ですが、当時の婦人画報社は、編集者がスタイリストとライターの役割も担っていました。ひとりで2役、3役こなさなくてはいけないため、当然、仕事量は膨大です。そのうえ、入社1年目の新人。毎日目まぐるしくて、休日もないような生活でしたが、それ以上に、大好きな編集部で働けることが、本当に嬉しくて楽しかったのです。

〝モーレツ仕事人〟というほどに働いていた当時、友人と遊べるのは、週末の夜だけ。そんなとき、友人に連れて行ってもらったのが、サンバクラブでした。

もともと、中学3年間ダンス部だったので、踊ることは大好き。バレエやジャズダンスを習っていたこともあり、ダンスは得意です。仕事の疲れを発散したかったのもあったでしょう、楽しすぎて、時間を見つけては、サンバクラブに通い、踊っていました。

時には、あまりに激しく踊っているから、「インストラクターさんですか？」って聞かれたり、外国人たちに担ぎあげられてリフトされた記憶も（笑）。

のめり込むみたいにサンバの魅力に夢中になっていたとき、ラテンミュージックの専門雑誌で見かけたのが、サルサパーティーの案内でした。サンバとの違いもわからず行ってみたら……、さらに深くハマってしまいました。

サルサは、ラテンダンスの一種で、男女のペアダンス。男性にリードされて踊るのなんて初めてだし、うまく踊れないのが悔しくて、悔しくて……。パーティーに行った次の日から、レッスンに通い始めたほどです。

先ほども書きましたが、編集者は、ページ作りのすべてを率いることが仕事です。スタッフよりも早く現場に入って準備をしたり、現場がスムーズに運ぶようにコーディネイトしたり……。そんな先回り、先回りの毎日に対し、サルサでは、女性は「ためる」という待ちのスタンスを求められます。いつもとは違う、「待つ」という姿勢が、とても新鮮で、面白くて、取り憑かれるようにのめり込んでいきました。スペイン語で歌われるラテンアメリカの悲しい歴史、もちろんロマンティックな愛の世界に強く惹かれたのもあります。一見底抜けに明るく見えるラティーノたちが日本に出稼ぎに来る社会背景を知りたくて、本もたくさん読みました。そして遠い国への強い哀愁、郷愁は日に日に募っていった――運命ですね。

仕事も、入社して4年目、ひと通りのことはできるようになり、余裕も出て、〝こなす〟ように仕事ができるようにもなっていました。また、同時に

「ヴァンテーヌ」的な、知的でロジカルなファッションよりも、南米的なカラフルでセクシーなファッションに魅力を感じていったのです。

そして、入社して5年目の秋、会社を辞めてサルサの本場・中南米に遊学することに。

ただただ、サルサの本場に行きたい、その思いからだったので、期間も行き先もノープランです。ホテルに泊まって、早朝から夜中まで、踊って飲んで。街や国を移動するたびに、日本の両親に国際電話をかけて居場所を告げる——そんな自由で気ままな、すごく楽しい毎日でした。真っ黒に日焼けして、現地の人とビーチバレーをしていたら「日本人ですか？　うちで働きませんか？」って旅行会社の方から声をかけられたりもして（笑）。

サルサはいまでも、私にとってはかけがえのない存在です。成功や勝ち負けもない、もちろん肩書も一切必要のない、まさに、サードプレイス！　サルサに出会って本当に人生が変わったし、救われたことがたくさんありました。仕事や家事、育児、介護など、私たちはたくさんの役割を抱えてしまいがちです。だからこそ、「私」に戻れるサードプレイスを持つことが大事なんです。

私の場合は、サルサという趣味でしたが、ひとりで行くお気に入りのカフェや自宅でのコーヒータイムだっていい。一日30分だけでもいい。母でも妻でもなく、ただ自分になれる場所や時間があることは、すごく大切なこと。私自身、妊娠中や出産後も、サルサだけは辞めなかったほどです（笑）。

祖母の体調が悪くなり、遊学は半年で終えて帰国することになりますが、中南米にはその後も幾度となく訪れました。縁あっていまの夫もベネズエラ人。第2のホームタウンであることは、間違いありません。

そして、6ヵ月間、我を忘れて遊んだから「またしばらくは必死に働こう」と心に誓ったことも、付け加えておきます。

5

飽きることは
マイナスじゃない。
飽きたことを
続けるのが一番怖い

大学選びのころから、計画を立ててつかんだ編集者生活ですが、わずか5年弱で辞めてしまったという経歴は、見る人によっては「もったいない」と思われるかもしれません。

もちろん、あと3年は意欲的に働けたでしょう。ただ「5年後もここにいることにワクワクしていられるか？」と聞かれたら、答えはNOでした。

飽きっぽいのは、自覚しているのですが、飽きたことを続けてしまうことが一番怖い——そんなふうにも思っています。

だって、飽きてしまったものには、100％の力なんて注げないし、飽きた先には進化なんてないと思うから。

仕事の場面でも、クライアントによく言います。

「もうこの手法には飽きてしまったから、違う方法でいきませんか？」と。

もちろん、そう言うからには、第2、第3と、角度を変えた手法をちゃんと用意しておきますが、自分が飽きてしまったものを、消費者、読者——私にとって大切なお客様に伝えることは、一番したくありません。

成功した事例や体験を手放すことが、怖い。その気持ちもよくわかります。私も少し前まではフリーランスでしたし、いまだってスタッフを2人抱える小さな会社の経営者です。彼女たちにお給料をしっかり払っていけるのかは、私が受ける仕事しだい。

だけど、そんな不安もかき消してしまうほどに、飽きたものを人に伝えることはしたくない。顔にも言葉にも出てしまう、というのもあるけれど(笑)。飽きたものを出し続けていたら、いずれは自分自身が、そしてその仕事が飽きられてしまうから。

とくに私は、メディアを通じて仕事をしています。メディアはナマモノ。どんどん変わっていくべきだと思っています。

1週間前に面白い！　と思っていたことも、今日は、霞んで見えるなんてことは、よくあることです。

かつて、ファッションディレクターや編集長として雑誌やウェブ媒体に携わっていたときには、企画のタイトルやコンセプトは責了まで変わるものだと編集部員によく話していました。

むしろ、最初から最後まで、同じ企画コンテで進み続けられるなんて、あり得ない！　そう思っています。

立ち上げから関わり、サイトオープンから3年間、編集長を務めさせて頂いたウェブメディア「mi-mollet（ミモレ）」（詳しくは第2章で語らせてください）の編集部メンバーからは、

「大草さんは、飽きる自覚があるから、飽きる前に変わっていく」

なんて言われます。確かにそうかもしれません。

惰性や無理をして、ごまかしながら何かをすることは、私にとっては、時間の無駄使い。そんなことほど、失礼なことはないと思うのです。

「飽きる」という言葉だけをとると、とてもネガティブなワードに聞こえますが、私にとっては、飽きることは次に進むためのアクセルみたいなもの。

自分が面白いと思うかどうか——この問いに即座に答えられないのなら、それは、飽きている証拠。そこに力は発揮できないと思っています。

進化するために飽きていく——この感覚は一生大切にしたい、そう思うのです。

第2章

仕事は「3つのステージ」で考える

6

キャリアは3つのステージ、3つの視点で考える

プライベートでは、20歳、15歳、10歳の3人の子育て真っ最中です。それもあってか、「どうしてそんなにパワフルに働き続けられるのですか?」と、ご質問を受けることもたびたびあります。

答えはとってもシンプルですが、子供は育てなくちゃならないもの！　ひとり増えれば、その分働かなくてはいけない——夫も働いているとはいえ、必死です。

自分が経験したということもありますが、女性は特に、結婚や出産のタイミングが、キャリアのステップアップと重なることが本当に多いと思います。そのため、「30代で役職につかなきゃ」「40代のうちにこのくらいの年収を達成しないと」と、世間一般のものさしで測ると、——働き始めてわずか20年以内に何かを成し遂げないといけない。そんなキャリアプランにさえ、なってしまうものです。

でも、そういう働き方や考えは、自分を追い詰めてしまうだけ。

私は、キャリアメイクに関しては、人生を3つのステージに分けて考えるようにしていますし、それを皆さんにも提案したい。

何歳まで働きたいかを考えて、その期間を3つに区切って、それぞれの時期、どうしていきたいかを考えてキャリアメイクすればいいのです。

ちなみに私が、日本女性の平均寿命である87歳まで生きたとしたら。スローダウンは当然するでしょうが「死ぬまで」働きたいと思っています。もちろん、「仕事からの引退」は人それぞれのタイミングで良いのですが。私の場合、逆算すると、なんとなく40歳くらいまでがひとつのステージ、40歳から70歳くらいまでがふたつめのステージ、70歳からがラストステージ――とキャリアのステージが見えてきます。もちろん、寿命は誰にもわからないし、このキャリアプランが今後変わっていくこともあると思います。

第1のステージは、視野に入るものやことを、精一杯こなしていく時期。私は、虫のような目線の時期と、たとえています。全体像が見えないことに不安になるのではなく、今の自分の視界に入る仕事をひとつひとつ丁寧に、また必死にクリアしていくことで見えてくるものが、必ずある。新人編集者時代とフリーランスで働いた二十年近く。私自身、この時期頑張ったことは、現在の仕事に確実に繋がっています。

次の第2ステージは、第1ステージで積み重ねた、得意なことや好きなこと、周りから認めてもらえることを形にし、そしてそこで学んだこと、得たことを社会に還元していく時期だと捉えています。このころには、鳥のような視点で、俯瞰で自分や物ごと、社会や経済を見られるようになってきているはず。

今の私はこの第2ステージですが、自分自身の経験を踏まえても、女性がキャリアを築いていくためには、家族の協力が欠かせません。時には、夫婦のキャリアメイクを個々に考えるのではない「ファミリーキャリア」という考え方も欠かせないと感じています。

我が家も数年前には、5年間ほど、私が大黒柱として働き、夫が専業主夫として家事や育児を担っていました。その時期は、家や子供のことは一切彼に任せて、できるだけ口出しはしませんでした。たとえ、彼が作ってくれる料理に野菜が足りないように思えたり、子供のテレビを見る時間や勉強のさせ方について、気になることがあったとしても……。彼のやり方をリスペクトしようと思ったのです。現在は、夫も新しい事業を始めていますが、私自身はこの第2ステージで、自分の知識や経験を、もっともっと社会にお返ししていきたい——頭のなかは、いつもそんなふうに考えています。

そしてラストの第3ステージは、とことん好きなことを突き詰めていく時期——もっともっと自分の内側の核となる部分、エッセンシャルな部分と向き合っていくイメージです。私の場合、いまのところは、70歳からがこのステージです。

こんなお話をすると、「そんなに働くの？」なんて驚かれるのですが、私はそうしたい。

70歳からやりたいことなんて、まだわかりませんが、第1ステージを経て、こうして皆さんにお伝えしたいこと、やりたいことがあるように、第2ステージを積み重ねていけば、その先の目標が必ず出てくる。――そんなふうに考えてきましたし、そう信じています。

もちろん、この先、キャリアメイクのステージが、もうひとつ増えるかもしれません。

だけど、こんなふうにキャリアを長い時間軸で考えてみると、周りと比べて焦る必要なんてないし、自分自身に常にフォーカスすることで「するべきこと」が見えてくる、そう思っています。

7

第1ステージ
「虫」の視点で取り組んだ
目の前にあることに

大学卒業後、「ヴァンテーヌ」編集部に入り、中南米へ遊学した話は、第1章で触れましたが、帰国後の私は27歳。そこから、フリーランスとして働き始めることになりました。

お話しした通りに、何も計画を立てないノープランな遊学だったため、当然、帰国後の仕事はゼロです。最初は、名刺には肩書を書かず、頂けるお仕事は何でも引き受けていました。ビジネス誌の原稿や、商品リリースの原稿も書きましたし、もちろん、雑誌の仕事では、編集者、ライター、スタイリストのひとり3役で、どんな企画もやっていました。

そしてプライベートでは、27歳で婚約していた男性と結婚し、直後に長女を妊娠しました。まだ、フリーランスで働き始めて間もない頃です。

「ヴァンテーヌ」編集部に入ったときには、卓越したセンスの先輩ばかり。毎日、彼女たちの着こなしを見るたびに「なんてきれいな色使いだろう」と惚れ惚れするのと同時に、「センスの塊のような彼女たちには、私は到底及ばない、だったら私はセンスを言葉で補うように努力しよう」――そんなふうに考えていました。

通常、女性誌では編集者、スタイリスト、ライターと、その道のプロによる分業で作業をしています。ただし、雑誌は編集長のもの。それぞれのステップで、編集長によるチェックが必ず入ります。

フリーランスで働くなかで、私が常に緊張感を持って臨んでいたのが、撮影前のコーディネイトチェックでした。スタイリストが用意した洋服を、編集長にプレゼンテーションするのです。

たとえば、〝11月に買うアウター〟がテーマだったとしたら、――秋を楽しみたい時期だから、色はベージュやグレーなどの軽やかな色。素材は、寒さにまだ慣れない体や気持ちが、羽織るだけでフワッとほぐれるような柔らかな肌触りの上質なウールやボア。プライスは、寒さが厳しくなったときに追加で購入するアウターのことも考えて、4万円以内――という感じに。スタイリストとしての自分が借りてきた洋服たちひとつひとつに、企画テーマに添うよう理由づけをしていくのです。

本来であれば、スタイリストによる説明を、エディターやライターが要約してプレゼンテーションし、互いに足りない部分を補い合いながらコーディネイトチェックを進めていくのですが、私はフリーになってからも、スタイリスト、ライターを兼任していたので、当然ひとり。

万が一、ダメ出しを受けたり、提案をひっくり返されるようなことがあれば、本当に後がありません！　アシスタントはいないし、撮影は明日、新しい洋服を集める時間なんて当然なし！　借りられるものだってこれ以上のものはありません！　——とにかく毎回、必死で編集長へプレゼンテーションしていました。テーマの意味や意義を深く掘り下げ、「これが可愛いからです」なんて決して言わないように。最初の「読み手」である編集長に向けて原稿を書くように、その服を選んだ理由、素材や色を組み合わせるテクニックを説明しました。当時は、今日のチェックを乗り切ろうと必死でしたが、こうしたひとつひとつの積み重ねが、「キャリア」につながることは、いまになって保証できます。

また、30歳で離婚を経験し、その後、いまの夫と出会い再婚。長男、次女の出産とプライベートは目まぐるしく変化していました。

さまざまな雑誌に携わらせて頂きましたが、なかでも、10年にわたっておしごと仕事を頂いた「Grazia（グラツィア）」は、忘れられません。30代後半のハイエンドな女性向けの雑誌にもかかわらず、まだ28歳の私をスタイリストとして起用してくださったのは、本当に感謝しかありません。

さらに、「グラツィア」では、私自身の日常をブログで発信するという機会を頂きました。

洗濯物を3日間溜めてませんか？　私も洗濯物の山から靴下を履いて出かけました。

幼稚園にいくのを嫌がる子供をなだめて仕事に出かけて、涙が出てしまいました……。

——そんな、仕事と3人の子育ての日常を綴ることで、読者の方々との距離がぐんと縮まりました。

このころから、共感してくれる方々が目に見えて増え、仕事の手応えを感じましたし、「書いて伝える」ことへの情熱が、どんどん熟成していきました。

思い出せないほど毎日が必死だった、20代後半～30代後半までのこの時期は、3つのキャリアステージのなかで、まさに第1ステージです。

人によっては、第1ステージが20代半ばで終了したり、40代の初めまでという方もいるかもしれません。年齢ではなく、大切なのは、虫の目のように、目の前のことに集中すること。すると、自分の得意なことや、周りから認めてもらえることが何であるのか——その答えが、ぼんやりと輪郭を帯びて見えてくる、そう思います。

8

第2ステージは「鳥」の視点で視野を広げ経験や知識をシェア

自分にとっての得意なことがなんとなく見えてきたら、第2ステージは、積み上げてきた経験や知識を、社会にお返ししていく時期です。

皆さんに喜んでもらえること、社会に貢献できること、あとに続く後輩たちのためになること——そんな視点が必要だと思っています。

そのきっかけになったのが、「DRESS（ドレス）」でのファッションディレクターとしてのポジションでした。

フリーランスとはいえ、全体のコンセプトを把握する立場だったので、新しい視点で雑誌作りに携わることができました。それまでは、与えられた企画のなかで最大限に考え、努力し、伝える、という仕事内容。一方、ファッションディレクターは、雑誌全体のファッション企画を見る立場です。加えて、チームを鼓舞し、同じ情熱を持って進むチームを作るという役割も担っています。

各チームのモデルや提案するコーディネイトや洋服が重ならないよう、俯瞰で見て、スタッフひとりひとりの得意分野やその時の状況を確認する経験は、確実にこれまでとは違うステージへと連れていってくれました。

そして、次に声をかけて頂いたのが、講談社が新規に立ち上げようとしていたミドルエイジ女性向けのウェブマガジン「ミモレ」でした。

どの雑誌も、創刊する際には、詳細なペルソナ（読者像）を掲げますが、そのころの私は、そんなペルソナを立てないメディア作りがしたかった。どこにも帰属できない――と寂しい思いをしている読者の方と並走したかったのです。働いていても、いなくても。結婚していても、していなくても。子供がいても、いなくても。都市や地方、国内や海外、どこに住んでいても構わない。そんなコンセプト作りからやらせて頂けるのなら、と「ミモレ」というメディア名も考え、紙の雑誌の補完ではないウェブのみの媒体にすることを決め、編集長としての仕事をお受けすることにしました。
「ミモレ」がスタートしたとき、私は42歳。

40歳は不惑の年なんて言われますが、膝と足首の間のミモレ丈のように、実は中途半端な世代だと、私自身感じていました。いわゆる中年にはまだなっていないと感じているけれど、30代の時とは明らかに違ってきているよね、みたいな……。

ただでさえ気持ちも体調も「揺れる」時期に、読んでくださる方が疎外感を感じたりすることなく、楽しんでくれる場所にしたかった。隣の人と自分を比べることなんかせず、いつ読んでもいいし、気に入ったコンテンツだけ読んでくれればいい。そのために、これまでスタイリストとして蓄えてきた、ファッションや美容に関するアイディアをお届けしたかったのです。そういう意味でも間口の広い、オンラインというメディアは、とても親和性がありましたし、たくさんの方が「ミモレ」を支持してくださるようになりました。

実際に、「ミモレ」がスタートして、真っ先に解き放たれたのは私自身でした。

ただ、「ミモレ」の編集長は、当初からサイトオープン後3年で辞めると決めていました。というのも、私に求められていたことは、メディアとしての「ミモレ」のメッセージ性、独自性を明確にし、土台を作るところまでだ、と思っていたからです。これまでの経験や、スキル、適性のようなものを考えてみても、メディアを大きく成長させていくことは私の役割ではなく、もっと得意な人がいるはず、と。スタートアップから、メディアとして成長・拡大させるすべての課程をやれるとは元々考えていませんでしたし、だからこそメディアの基礎を固めるスタートアップに、深く狭く集中しました。年齢を重ねる美しさと豊かさを読者と共有し、コメント欄やイベントなどでも交流して、その結果、「ミモレ」をメディアを超えた「居場所」にすることができた。土台ができたら、その後は、メディアを成長させる人が活躍できる立ち位置として、編集長というタイトルはあるべきだ、と思いました。もちろん、私自身の「飽きてしまいたくない」という気持ちも、ゼロではありませんでしたが……。

当然、周りにも3年で辞めることは公言していましたし（冗談だと思われていたようですが）、実際に3年で編集長からは退きました。

現在は、「アマーク」というセルフメディアを運営する一方で、ブランディングのお手伝いや、コンサルティングなどを通じて、ブランドやお洋服と、女性たちの「楽しくおしゃれをしたい」「幸せになりたい」という希望を、マッチングさせることが、私の役目かなと思っています。

とはいえ、まだまだ、キャリアメイクの第2ステージは道半ばです。手探りながらも、こうして本を出させていただく機会などを通して、私自身の経験や知識を皆さんにシェアしたいと考えているところです。

9

キャリアを手放す
勇気が時に必要に。
空いたスペースに
運が転がり込む

「ミモレ」の編集長を3年で辞めるとき、周りには「もったいない」と言う方もたくさんいました。順風満帆にメディアが成長していたので、普通ならそう思うのは当然だと思います。ただ、私は、前のページで述べた理由に加え、成功してふかふかになった芝には物足りなさを感じてしまうのです。

それに、私がやりたいことは、ファッションという自分が得意なツールを使って、皆さんがもっとラクに生きられるようなお手伝いをする、その一点です。だから、編集長になることがゴールなわけではありません。

そうやって道筋を立てて考えていたからこそ、「ミモレ」の編集長も、3年で！　と区切りをつけられたのです。

一番はじめに勤めた会社を辞めるときも、次が決まっていたわけではありませんでした。また、フリーランスとして約10年お世話になった「グラツィア」では、編集長の交代とともに雑誌の方向性が変わり、いわゆる〝クビ〟

を経験したこともあります。でも、そのあと不思議と別のワクワクするような仕事が舞い込んでくるのでした。

また、「ドレス」のファッションディレクターを辞めようか迷っていたときも、次が決まっていたわけではなかったけれど、手放したら「ミモレ」からお声がかかりました。時には勇気を持って手放して、新たなスペースをつくることも大切。

もちろん、家族も背負っているし、安定したギャランティを捨てる怖さはゼロではありません。だけど、経験として「ひとつ手放せば次が入ってくる」――そう信じています。

特にフリーランスで仕事をしていると、なかなか仕事を断れないという話は、後輩のスタイリストやエディターからよく聞きます。

そのときに私が話すのは、

「数年後も、その仕事やプロジェクトを、最初と同じ情熱を持ってやっていられるか」――それを考えたほうがいい、と。もし、自身のスケジュールが管理しきれないほど忙しかったり、新しいアイディアが湧いてこないとしたら。それは手放すべき何かがあるのだと思います。ひとつ手放して、そして、空いた時間で、キャリアメイクを考えてみて欲しい。

手放すことは、おしゃれも同じだと思っています。

洋服だって、クローゼットがパンパンだと、新しいものを入れるスペースがないばかりか、自分の手元にどんなワードローブがあるのかさえわからないもの。それが毎日の洋服選びに迷いを生じさせたり、おしゃれを面倒なものにしてしまうのだと思います。

キャリアメイクに限らず、空気を循環させるように、時には勇気を持って手放すことを、物や情報のあふれる時代こそ、意識してやっていきたいなと思うのです。

10

キャリアの岐路に素直に傾聴できる「メンター」がいたこと

「直子はスタイリストじゃなくて編集者だよ」――このひと言が「アマーク」を立ち上げるきっかけになりました。

この言葉をくださったのは、スタイリストであり、ファッションブランド・マディソンブルーのディレクターでもある、中山まりこさんでした。スタイリストの先輩として尊敬するとともに、同志のように仕事や未来のこと、家族のことについて語れる、私のメンター（助言者）的存在です。

それはちょうど、「ミモレ」の編集長を辞める前後のころでした。

3年で辞めるとは決めていたし、公言もしていましたが、具体的にこの日と決めていたわけではありませんし、その後も未定。ただ、私のなかでは、何かメディアをやりたいな、とは思っていましたが、具体的にはどうすればいいのかわかりませんでした。

――そんな話をまりこさんにしたときに言われたのが、

「あなたはスタイリストじゃなくて編集者だから、言葉の人だから、絶対にメディアを立ち上げた方がいい」という、ひと言でした。それを聞いて、「ああ、そうだった。私は言葉の人間だった」と、すべてが腑に落ちたような感覚になったのは、いまでもよく覚えています。

確実にそのひと言が、自分のメディアを持ちたい――とずっと思っていた私の気持ちに火をつけてくれ、「アマーク」へとつながっていきました。

また、「グラツィア」の編集長だった故・温井明子さんも、忘れられない言葉をくださった、ありがたい助言者のひとりです。

それはまだ30代だったころ、講談社が久しぶりに中途採用をするというときに、温井さんから「誰かいい人知らない？」と聞かれたことがありました。

当時は子供も小さかったので、会社員として安定して仕事ができることは、私にとってはとても魅力的でした。「私ではダメですか？」と聞いてみると、「あなたは絶対にフリーランスが向いている。自分の名前で仕事をしたほうがいい」って……。

「今年は大草直子でいくからね」と初めて私の名前を立てた大きな特集を組んでくださったり、「グラッィア」で今のキャリアにもつながる「ブログ」を書いたらと言ってくださったのも温井さんでした。こうして、いまの私があるのは、まちがいなくこの方のおかげだと思っています。

そういえば先日、まりこさんに「言葉の人」と言ってくださった理由を伺ってみました。

すると、「大草直子というフィルターを通して語れる言葉を持っている。大草直子自身が、どんなことも自分のこととして捉えて、主観的に語ることができる、メディアみたいなものだから」って。

覚悟を持って言ってくれた言葉には、重みがあるし、彼女たちのひと言は、いまも、お守りのように、背中を押してくれる大切な言葉です。

素晴らしい先輩たちにそうして頂いたように、私も、後輩には思ったことを素直に誠実に伝えていきたいと思っています。

11

70代からは「本質的なこと」に心血を注ぐと決めている

第1ステージは、ひたすら来たボールを打ち返すことで精一杯。第2ステージで、自分のスキルを使って恩返しができるようになったら、最後のステージは、本当に好きなことをやればいい、そう考えています。

イメージとしては、もっともっと本質的な部分に戻るという感じでしょうか。とことん、自分の「好き」にピュアに向き合っていきたい。お料理が好きな人なら、料理教室を始めるのもいいかもしれませんし、お店を始めるのだって素敵。海外で暮らすという選択をする人もいるかもしれません。

まだ、はっきりとわかりませんが、私は、女性たちの可能性の扉を開く＝モティベートするようなお手伝いができたらな、と考えています。

これまでは、ファッションを通じてしか、私のメッセージはお伝えしてきませんでした。けれども、この先はもっと、生き方や私というフィルターを通して、自分自身の愛し方や認め方、労《いたわ》り方、そんなことを、たくさんの方にお伝えできたらな、と思っています。

実は、こんなふうに思えるようになったのは、本当に最近です。身に余るほど数多くのチャンスを頂き仕事をさせてもらい、経験も積みました。それを応援してくれる人もいる。

もちろん、私自身も努力をしてきましたが、それだけでは絶対にない。それは断言できます。これまでの、ありがたいご縁や、頂いたチャンスへの感謝の気持ちを返していくためには、キャリアメイクが60歳までなんて、あまりにも短すぎると思うのです。


そういう意味でも、まだまだ地中の種——。

私の場合は、70歳くらいからがこの第3ステージかなと考えています。もうすぐ50歳。第2ステージも後半戦です。サッカーに例えるなら体力の使い方、点の取り方、逆に守り方も変えていこうと思っているところです。

余談になりますが、占いでも私は大器晩成型！　仲良くさせて頂いている、ファッションエディターで占い知識も豊富な青木良文さんが、そうおっしゃってくださいました。

「大草さんは火・風・金・水・土・木の6つのエレメントの中で木、すなわちツリーの気質を持つ人だから、40歳から芽が出て、60歳からが面白くなっていきますよ」って。青木さんの占い、ウェブサイトでチェックできますので、ぜひ見てみてくださいね。考えるだけでワクワクしてきますから。

上・30代はフリーランスとして
執筆、編集、スタイリングなど、
オファーのある仕事は
何でも引き受けていました。
下・40代になってからは
イベント出演や
ブランドとのコラボ商品開発、
コンサルティングなどの
仕事が増えていきました。

第3章

枠やしがらみから自分を解放する練習

12

おしゃれは自分を好きでいるための「ツール」になる

飽きっぽいと自覚している私ですが、自分にだけは飽きたくありません。飽きることなく、最後まで愛し続けたい、と思っています。それができるのは、夫でも子供でもなく自分だけかもしれません（笑）。

そのためのツールとなるのが、ファッションやメイクです——48歳になったいま、皆さんにはそう伝えたいです。

だからこそ、人と同じである必要なんてないし、周りの目だって気にしなくていい。もちろん、飽きないために変わっていってもいいものですし、同じスタイルでい続ける必要なんてない、心からそう思っています。

こんなふうにファッションについて自由に捉えられるようになったのは、ベネズエラ出身の夫の存在が大きかったような気がします。

出版社を辞め中南米に行き、帰ってきた私が好きだったファッションは、ちょっぴりセクシーだったり、エスニックな色合いやインターナショナルな香りのするスタイル。

たとえば、ビビッドな色合いのスカートだったり、ボディラインが強調されるようなワンピースや、背中が大きく開いているようなカットソー——ただ、そんな服を着ていくと、「今日はどうしたの？」とか「なんだか強めだね」って言われたりして……。

何気ないひと言で、自分をすごく否定されているような気持ちになり、ファッションに関して、とっても揺れている時期がありました。

そんなときに夫は、「セクシーでいいじゃん、インターナショナルで、エナジェティックで、エスニックですごくカッコいい！」と褒めてくれるのです。不特定多数の人に向けたファッションをしなくてもいい——彼の言葉にすごく安心しました。

そうやって、徐々におしゃれに関しての「フレーム」みたいなものが外れてからは、誰に何を言われたって大丈夫！　だって、おしゃれは自分を好きでいるためにするものだし、いまの私はコレが好きだから！　――そう思えるようになりました。だからこそ皆さんにも、時には世間で言われている「おしゃれ」より、ご自分の「好き」という感覚を優先してほしいのです。

そして、私の仕事は、皆さんの「自分を好きでいたい」「幸せになりたい」という気持ちと、服やブランドが発しているメッセージをつなげるトランスレーター役だ、と思っています。

ですから、どうか、私がお伝えする服のメッセージが、いまのご自身にフィットしなければ、そのときはぜひ、ご自身の感覚を強く信じて自信を持ってください。

「ミモレ」で編集長をしていたころは、たびたびブランドとコラボレーションしてアイテムを作ったり、イベントなどでブランドの魅力を発信していました。が、「大草さんの記事を読んで、思わず買っちゃいました！」と、目を輝かせながら言ってくれる編集部員がいる一方で、興味を示さない部員だっていました。でも彼女には彼女の「好き」があるだけのこと。それでいいのです。けっして、ファッションで自分を追い詰めないでください。

ただ、同時に20年以上、ファッションを仕事にしてきて思うのは、自分に対する愛情や自信みたいなものは、確実にファッションに表れるということ。「ミモレ」には、「おしゃれのヒントは、やっぱり街にある SNAP! SNAP!」という、街角スナップ企画があります。メディアの看板、雑誌の巻頭とも言える企画ですから、編集部員が提案してくる候補者を、当時はかなり細かくチェックしていました。

そのときに、私が大切にしていたのが、「スタイルがあるかどうか」という一点。わかりづらいですよね……、私自身そう思いますし、担当部員からも、

「この人はどうして良くて、この人はどうしてダメなんですか？」ってよく聞かれていました（笑）。

スタイルがある人とは――。

自分の体を認めていて、美しく絶妙なサイジングで服を着ているか、おしゃれを表す女性像に覚悟があるか――を私は見ていました。

そう、おしゃれは「選択」の積み重ねだと思っています。それも、「みんなが持っているから」とか、「夫の好みだから」という、他人軸での選択ではなく、「自分が好きだから」と、〝自分軸〟であることが大切です。

おしゃれだな、とか、素敵ね、と感じる人には、そんなふうに自分目線の「好き」を、ミルフィーユのように重ねてできた、雰囲気のような、たたずまいのような、自信のようなものがスタイルとして表れる、そう感じます。

13

離婚と再婚が
教えてくれたこと。
フレームに押し込めて
苦しめていたのは
私自身だった

私は、27歳で結婚して、長女を出産し、その後30歳で離婚をしましたが、この経験は、やはりひとつの転機でした。

会社を5年弱で辞め、中南米へ遊学するなど、自由に、気持ちの赴くままに生きていたけれど、それはすべて自分で考え、決めて選んだ道。たとえ、世間一般の同級生たちとの歩み方とは違っていても、自分で納得して進んだ道でした。

でも、離婚は、いわば不可抗力みたいなもの。私ひとりでは、決められないのはもちろん、言い出したのは彼からでした。

思えば、高校生で留学をしたときも、中南米に行ったときも、存分に楽しみましたが、やっぱりどこか実直な部分はありました。アメリカでは、同級生のなかには10代で妊娠している子がいたり、お酒を飲んだりドラッグをやっている子だっていましたが、私はいたってまじめ。ホームステイ先でベビーシッターをしたり、バーベキューをしたり、教会に行ったりという感じ。本当に、品行方正で素直な高校生でした。

その根底には、「ちゃんとしてないといけない」——そんな気持ちがあったように思います。

だから、彼から離婚を切り出されたときも、別れて寂しいという気持ちよりも、「親に申し訳ないな」と思ったほどです。

離婚の原因は、仕事で地方に単身赴任していた彼に対して、私は東京で娘とふたり暮らし——その生活スタイルのすれ違いによるものです。

両親に離婚報告に行ったときも、「あなたが彼と一緒に住まないからよ」とか「仕事を辞めないから」とか、そういうことは一切言われませんでしたし、怒られたり、責められることなんて、これっぽっちもありませんでした。

反対に、母からは「夫婦生活がうまくいってないなら離婚するべき」なんて言われたくらいです。拍子抜けしてしまうような母の言葉で、「ちゃんとしていなくちゃ」という殻が、はがれ落ちていったような気がします。

しばらくは自分を責める辛い時間を過ごしましたが、その後、すごくラクになりました。

とっても生きやすくなったし、毎日が楽しくなりました。いろんな人との出会いも増えて、そんななか、いまの夫とも出会ったのです。

そして彼との出会いもまた、私のフレームを外してくれる大きなきっかけになりました。

離婚後は、シングルマザーであることを隠したこともないし、負い目に感じたこともありません。でもやはり、長女を連れて彼と一緒に暮らす、という話が出たときは別。ちょっぴり不安を感じました。

そのとき彼が言ったのが、「君の手や髪の毛、瞳を美しいと思うように、僕はあなたが歩んできた人生を美しいと思う。彼女はあなたの人生の一部なのだから、ともに愛していくのは当然じゃないか」——そんな言葉でした。

私は離婚を経験しても、まだまだ自分が作ったフレームの中で、もがいていたんだ——、彼のひと言で、そう気づかされました。

結婚して15年になりますが、実際、彼は前の夫との子供である長女にも本当に愛を持って接してくれていると感じます。

いまでは長女と夫はとても仲良しです。ふたりで好きなロックコンサートに出かけたり、アメリカに旅行したりしています。


「失敗してはいけない」

「大人として、母としてちゃんとしてないと」

「30代はこんな役職でいないと、40代ならこれくらいの収入がないと」

——そんな世間のものさしにとらわれて、自分で設けた「枠」のなかに自分を押し込めなくていいのです。そんなことは意味のないこと。私がそうだったから、心の底からそう思います。

仕事を通じて、多くの女性たちに会ってきました。

皆さん、すごく真面目に世間の「枠」と向き合っているような気がするのです。

でも、「枠」や「しがらみ」をひとつずつ外してみると、もっと軽やかでラクに生きられるのです。それはもう、肩こりがなくなったような軽やかさ！

これからもっとお伝えしていきたいなと思っています。

14

人と比べなくていい。枠にとらわれなければラクに生きられる

雑誌をはじめ、さまざまなメディアを通じて皆さんに発信している私が言うのも何ですが……。

どうか、誌面に描かれている女性たちと、ご自身を比べないでください。

なぜなら、私自身、そこにとっても苦しんできたから。

離婚や再婚を経て、30代は、長男、次女の出産など、目まぐるしいまでにライフスタイルが変化していきました。

同時に、「大草直子」という名前で特集を組んで頂く機会も少しずつ増えていき、確実に、キャリアという部分では波に乗っているような時期でした。

当時は、子供や夫と向き合う時間さえないほど忙しかったし、実際、家事や子育ては夫にお願いし、私が一家の大黒柱として働いていた時期もありました。

3人の子供を育てていかなければいけないから、本当に必死。

ただ、そんななかで関わるのは、

「35歳、共働きウーマン」

「38歳、仕事も家庭も両立しているおしゃれな女性」

「38歳、年収1000万円の都市型独身女性」

などを、ペルソナとして掲げている雑誌でした。

ページ作りに関わっているとはいえ、連れ子で再婚し、夫は主夫で私はフルタイム。どの雑誌の読者像にも当てはまらない自分自身に、どこか居場所がないような、「これでいいのかな?」という気持ちを抱いていました。

いまなら、「そんなことは、他人が決めたフレーム。気にしなければいい」と言えますが、当時の私には、それができなかった……。

事実、そんな苦しさを感じながら仕事をしていくのは、ちょっと違うような気がして、手放していった仕事ももちろんあります。

「ミモレ」では、私が抱いた寂しさや疎外感を、誰にも感じてもらいたくなくて、ペルソナを立てずに創刊しました。結婚していてもいなくても、仕事をしていてもいなくても、子供がいてもいなくてもいい——。

一方で、30代、40代、50代の女性たちが抱く、世代特有の悩みや、焦燥感、もしかしたら諦めのような、ネガティブな気持ちをすくい取っていきたいな、とは思っていました。ただ、メディアを創刊するにあたっては、イレギュラーなやり方です。膨大にかかる製作費をカバーするためには、広告収入は欠かせません。広告収入をしっかり安定させるためにも、メディアにとってペルソナは必要だったりするのですが……。

創刊準備を進めるとき、そんな、ペルソナを立てない理由、「ミモレ」というメディアのコンセプトを、広告代理店へプレゼンテーションに伺いました。すると、「私、頑張ります！」「小さい会社でも必ず広告取ってきます！」と、代理店の女性たちが、目をキラキラさせながら言ってくれるのです。

「ああ、みんな同じように、決められた枠のなかで、もがいているのかもしれない」と、「ミモレ」がやろうとしていることに自信のような、確かな手応えのようなものを感じられた経験でした。

実際、「ミモレ」は、読者のヒエラルキーも作らず、ペルソナも作らず創刊しましたが、本当にたくさんの方が、いま、支持してくださっています。

「ミモレを読んで、生きるのがラクになりました」なんて言葉を頂けることは、私にとって喜びでしかありません。


みんなが同じである必要はない。


これは、おしゃれについても同じです。

「みんなが持っているから」が、バッグやジュエリーを手にする理由になる必要はありません。
そういう意味では、私は、トレンドとは一定の距離をとったほうがいい、とさえ思っています。そのほうが、世界は断然、カラフルで豊かに見えると思いませんか?

いま、運営している「アマーク」でお伝えしたいのは、そんなメッセージ。誰かと比べたり、世間のものさしや価値観に合わせるなんて、意味のないことだ、と。決めるのはあなた自身であるべきで、ダメな自分も含めて抱きしめてください、ということ。現在はコンセプトディレクターとして携わっている「ミモレ」と比べればとても小さなメディアなので、より、人肌の温もりがある伝え方を、と思っています。

15

自分を好きになること、自分軸で考えることを「練習」すればいい

とはいえ、なかなか自分軸で考えるのって難しい、とも感じます。私自身がどうしてきたかを考えてみると、とにかく「I」で考えるように訓練してきました。

I want to ……

I have to ……

I need to ……

こんなふうに。本当に意識的に。

とくに英語である必要はないけれど、日本語ってついつい主語を省いて会話してしまうことが多いのは事実。

たとえば、打ち合わせでカフェに入ったとき。

それが、一日のラストの仕事で、親しい仲間とのカジュアルな打ち合わせであれば、周りがコーヒーを選んでも私は迷わずワインを頼んじゃいます。

でも、多くの人が、「誰も飲まないのか、じゃあ、私もコーヒーにしようかな」って思うのでは？

本当に小さなことですが、そういうことから「私はどうしたい？」を考えるクセをつけるようにしてきました。

もちろん、いまだってそう。筋トレや英会話のレッスンをコツコツするのと同じように、考え方のクセをつけていくのです。

これは、子育てにも言えること。親が全部決めて与えてしまっていたら、いざ進路を決めるというとき、文系？　理系？　共学？　どっちがいい？って、自分で決められないのは当たり前ですよね。

だから子供たちには、小さいころから「自分で決めなさい」「あなたはどうしたいの？」と繰り返し問いかけています。

また、自分を好きになることも、簡単なようで、実はすごく難しい。

私だって、日々、美しいモデルさんたちと仕事をすれば、「顔が小さくて素敵」「手足が長くてうらやましい」「そんな人たちと一緒に写真に写るなんて！（笑）」と、思ったりもしますが、彼女たちのようになりたいと思ってはいません。自分を責めるファクターを容姿、もしくは子育てなど無意識に探そうとするのは、やめたほうがいい。

私自身忙しすぎて、長女や長男の学校行事にはほとんど行けなかったし、いまだって、10歳という大切な時期に次女としっかり向き合ってあげられていないのでは？　と、反省する日々です。

いい母親だとか、いい妻だと思ったことなどもちろんありません。むしろ全然できていない成長過程の母ですが、それでも自分のことが、心の底から愛おしい。そして、死ぬその瞬間まで、そう思い続けたい。

だからこそ、「自分を好きになれません」なんて言われると、もったいなさすぎる！　自分を好きになることはわがままじゃない！　――そう心から思います。

私の場合、好きになれない自分を変えたかったから、アメリカ留学で環境を変えてみました。憧れていたファッション誌の編集者になれたときには、ちょっぴり自分に自信がつき、自分を愛せるようになったと思います。

ただ、それでもやっぱり、LOVE MYSELFの壁は厚かった……。

確実にその壁を壊してくれたのが、大切な人たちの言葉でした。子供たちが小さかったとき、あまりに忙しく、毎日、毎日「ダメな母親だ」って自分を責めていた私に夫が言ってくれた、「そんなことを言ってはいけない。あなたはよく頑張っているし、ベストマザーだよ」という言葉。

「あなたは、あなたを必要としてくれる仕事を脇目もふらずにやりなさい。子供たちは大丈夫だから」という母の励まし。そして、SNS等を通じて悩みに共感してくれた皆さまからのコメント。

こうした宝物のようなフレーズを胸に、「大丈夫、大丈夫。よくやっている」と毎晩自分を褒めて眠りにつくように。

嘘のように思えるかもしれませんが、これってすごく効くんです。頭のなかで思うだけでもいいけれど、「私はよくやっている」と声に出して言ってみてください。セルフハグするのも大賛成だし、鏡の中の自分に言ってあげても！　親から褒めてもらえなかったとか、夫が言ってくれない、独身だから――そんなことは関係ありません。自分で言ってあげればいいだけのこと。お金もかからないし、最も手っ取り早くて、一番効果的です。

今夜からぜひやってみてくださいね。

16

美容やエクササイズは
自分を愛して、労《いたわ》るために。
時には思い切りレイジーに

ありがたいことに、年々仕事の数は多くなり、ステイホーム期間が過ぎたあとも、以前よりご依頼頂く案件は増えています。加えて、子供たちのことでも、やることはたくさん。心配事や悩みの尽きない日々を送ってはいますが、私自身、ガタンと落ち込むようなことは……、あまりない、かもしれません。

とはいえ、年齢的にもホルモンバランスが崩れやすいお年頃。気圧の低い日や睡眠不足が続くと、大きくメンタルダウンしそうになることも。そんなときには、自分なりの処方箋でケアします。

ひとつめは、ゆっくりお風呂に入ります。

ネガティブな考えや「気」を浄化するような感覚です。

それでもどうしようもなく疲れてしまったときは、プライベートな予定は、キャンセルさせてもらうこともあります。食事会など、気乗りしないなかで行っても、相手にも失礼ですし、きっと楽しめないから。

ふたつめは、徹底的に怠惰になる！

もちろん、ご飯は作らず、家族には近所の和食屋に行ってもらうか、テイクアウト。ステイホーム期間を経て、テイクアウトできる飲食店が近所に増えたのはとってもありがたい！　子供たちにとっては、ちょっとしたイベント事のようで、それも楽しいようです。

私自身は、気が向けば一緒に行くし、気が乗らなければ部屋でゴロゴロしています。もちろん、顔も洗わないし、朝起きてからずーっとパジャマのまま、下着をつけないことだってほとんど（笑）。

家にいれば、常に誰かの話を聞く役目の私ですが、このときだけは、子供たちにも、「ママはとっても疲れているから、用事があるなら来て」とお願いして、ベッドの上で本を読んだり、ゴロゴロしたり。

罪悪感なんて持つ必要は絶対にないのです。なぜなら、「こんなに疲れているのにご飯を作らなければいけない。何で私ばかり」と、被害者にはなりたくないから。

とことん、レイジーになること＝自分を甘やかすことを許してあげることが大事だし、家族には、自分の気持ちや状態を「宣言」することも、時には必要。そうやって助け合い、ケアできるといいですよね。

また、日々のエクササイズも、大きくメンタルダウンしないために役立っているような気がします。

特に、疲れていたり、落ち込んでしまったり、心配事があるときなんかは、ホットヨガで積極的に体を動かします。なかでも、意識しているのが、肩甲骨まわり。肩甲骨の可動域が広がると、深く呼吸ができ、深い思考が手に入る。そして心の可動域も広がるのです。

ちなみに、私は、エクササイズはサイズダウンしたいとか、痩せたいという目的を達成する手段としてはあまり捉えていません。

ありがたいことに、子供の頃から太りにくい体質というのもありますが、年齢とともに体の肉付きが変わったり、ボディラインが変化するのは当然のこと。だから、洋服だって9号に固執したりしません。実際に40代になってからは、パンツは9号から11号にサイズアップすることも。

アンチエイジング＝年齢に抗うのではなく、ビューティフルエイジングを目指したい——。

日本は、まだまだ「若さがすべて！」みたいな傾向が強いような気もしますが、年齢も経験も積んだマダムこそ、憧れの存在です。最近では、70歳を超えた美しい女優さんの写真集も出版されるほど！

だから、私が設定する美しさのピークは、70歳。

そのためにいまは、自分自身が心地よくあることを優先して、肌や体と向き合っています。シミやシワだって、これまで私が生きてきた証。「あれ？」と思うことはあるけれど、愛おしい存在です（笑）。自分の手で自分の肌に触れることは最強のヒーリング。さらに言うと、自分を信じること（自信）を連れてきてくれるのです。

頂いた仕事には、100％以上の力で返したいから、毎日、少しずつ自分を労《いたわ》ってあげることは、とても大事だと感じます。そういう意味で役立っているのが、美容やエクササイズ。隣の人の肌やスタイルと比べることなく、自分を愛して、労るために、美容やエクササイズとは付き合っていきたいな、と思います。

17

「変わったね」という評価は絶対に気にしない

いま、着ているそのファッション、今日はどうしてそのコーディネイトに決めたのでしょうか？　――前日から決めておいた、という方もいるかもしれませんが、きっと、ほとんどの人が、今日の天気や予定、気分に合わせて、という答えになるのではないでしょうか？

ファッションが、その日の気分によって変化していくのと同じように、すべての物事はナマモノだと思っています。

だから、一生、同じでい続けることなんてあり得ないし、「変わる」ことは当たり前だと思っています。

特に大人のファッションは、キャリアやライフステージに合わせて変わるべきだと思いますし、私自身、積極的に変える努力をしてきました。

なかでも、30代の後半、「ドレス」でファッションディレクターとしての肩書を頂いたときには、意識的に毎日着るもの、自分のスタイルというものを変化させていきました。

というのも、「ドレス」はキャリア志向の大人の女性向けの雑誌。ネーミングからわかるように、取り扱う服や小物もドレッシーな雰囲気のものや、インターナショナルなブランドばかり。ファッションディレクターというポジションを頂いたからには、雑誌にふさわしい装いであるべきだと思いました。

それまでの私は、デニムにシャツやバレエシューズといった、カジュアルなスタイルがほとんど。毎日のワードローブの定番だったデニムを、当時は、あえて封印しました。かわりにインターナショナルブランドのワンピースをワードローブに加え、たくさん着るようにしました。

すると、SNSやウェブで、「大草さんは変わってしまった……」「フレンドリーな大草さんはいなくなってしまった」、なんて言葉を目にするようになったのです。大草直子＝カジュアル――そんなイメージは、それほどまでに、深く根づいていていました。

ただ、そんな言葉に、残念な気持ちはしましたが、傷つく必要なんてないな、とも思ったのです。

せっかく頂いたチャンスを無駄にしないため――私は、「ドレス」という雑誌や、ファッションディレクターという肩書に合わせたファッションにシフトしただけのこと。着る服は、ファッション業界で働く私にとって名刺。それを誰かのひと言で覆しても、誰も責任は取ってくれない――。すべては自分で決めたことです。

「変わってはいけない」「変わることが怖い」――もしも、そんなふうに感じているのだとしたら、ちょっと視点を変えてみませんか？

変わるということは、新陳代謝をしているということ。変わっていくことにアグレッシブでいることは、進化し続けているということに他ならない、そう感じます。

もちろん、仕事をするうえでも、アイディアや方向性が変わっていくことは当たり前。打ち合わせ後もスタッフには「とはいえ、これも絶対変わるからね」と念押しするほど、私は、変わることは大賛成です！　まわりから見れば、「この人、また走る方向が変わったな」なんて、思われているかもしれませんが……(笑)。

第4章

新しい家族のかたち

18

家族はいつだって認めてもらえる場所であり、ダイバーシティの縮図

年齢を重ねるたび、母に似てきているような気がしています。

母は、娘の私が言うのもなんですが、風のように自由に生きている人――70歳を超えても、そんな言葉がぴったりな女性です。

とにかく、どんなことにも「あっけらかん」としていて、執着がありません。娘の私たちが肩透かしを食ってしまう。それくらい、軽やかな存在です。


母の言葉には、何度も助けてもらいました。

小学4年生で不登校になったとき「学校がイヤなら辞めてもいい」――この言葉には、子供ながら、安心感を覚えました。

離婚すると報告しに行ったときにも、驚くわけでもなく、「夫婦生活はどうなの？」「夫婦生活がうまくいっていないなら、離婚してもいいかもよ」――この言葉には拍子抜けさせられましたが、離婚は恥ずべきことじゃない、と思えましたし、肩の荷が降りたように、気持ちが軽くなりました。

ちなみにこのフレーズ、私のふたりの妹も聞いたことがあるのだとか(笑)。

そんな母に対して、父はやはり元銀行員。

もう少し社会的な視点を持って助言をしてくれます。でもやっぱり、不登校のときも、離婚のときも、私を責めたり、追い詰めたりするようなことは、一度もありませんでした。


家族は、一番身近で、一番小さいコミュニティ。

だからこそ、いつだって安心できて認めてもらえる場所でありたい、と思っています。


末の娘はいま、小学4年生。私が不登校を経験したのとちょうど同じ、ちょっぴり不安定な年齢です。3人目ともなれば、学校から呼び出されても、驚いたりすることなんてゼロですが、先日、先生から電話を頂きました。

聞くと、娘が仲良しのお友達のことをからかわれ、からかった子と、かなり激しくケンカをしたそう。そのときの娘の言動があまりに過激だった、とのことでした。

学校や友達のお母様に謝りに行くことなんて、日常茶飯事（笑）。先生から電話がきたことを咎めたりはしませんが、私も、彼女の行動にはちょっと引っかかる部分がありました。

家に帰って、理由を聞きつつ注意すると、「ママは何にもわかってない！」と大号泣。私も、子供たちの意見や行動は尊重すべき、と日ごろから思っていますが、特に末っ子に対しては、それがうまく伝わらないことも……。

そんなとき、彼女が駆け込むのは夫かお姉ちゃんのもと。

夫は「どんなことがあっても、家族を批判してはいけない」——そういう感覚の持ち主です。認めてなぐさめたり、なだめることが、本当に上手です。

大学生の長女も、「そっか、お友達がからかわれたのが許せなかったんだね」と、彼女の行動をまず最初に認めてくれたのだそう。ジェネレーションZ特有の感覚なのか、長女の個性なのかはわかりませんが、一番上のお姉ちゃんは、共感力やバランス感覚が、昭和生まれの私から見ると、格段に優れていて、勉強になることも本当に多い。

こうして見ると、我が家は、社会の縮図でもあり、ダイバーシティ（多様性）そのものだなと感じます。

次女は、なかなか強い個性の持ち主ですが、まだ10歳。自分をコントロールできないもどかしさみたいなものを感じているような気がしますが、そんな個性も合わせて、抱きしめて生きていけるようにしてあげるのが、親や、家族の役割なのかなと感じます。もちろん20歳の長女、15歳の長男に対しても同じです。サンプルになるストーリーは枚挙にいとまがありません。

親となってみて改めてわかることですが、自分を認めてもらえる場所があるというのは、子供にとって大切なこと。

なかなか一朝一夕にできることではありませんし、3人の子の母になってもまだまだ未熟です。いつだって、子供は「育てている」のではなく、「一緒に育っている」ことを忘れず、互いを認め合える存在が家族であってほしい、そう思います。

19

家族の中心は大人。いつでも夫婦ファーストで

「子供は、夫婦の家に間借りしている存在」――そんなふうに捉えています。いずれは親離れしていく彼らを、過剰に心配しすぎたり、ケアしすぎる必要はないと思っています。むしろ、彼らが大人になり、自立できるようにサポートしていくのが親の役割です。だから、家族のピラミッドは明確です。大人が三角形の上にいて、その下が子供たち。

当然、我が家は、夫婦の寝室を家の中でも一番広く取っていますし、大人と子供はバスルームも別。大人用が広いことは言うまでもありません。

夫は外国人ということもあり、愛情表現がとても豊か。キスやハグは日常的ですが、お互いに仕事もしています。以前は海外出張なども多かったため、すれ違いも多い夫婦でした。

そこで私たちが決めたルールが、「毎晩同じ時間にベッドに入ること」。もちろん、仕事関係の会食で遅くなったりするときは別ですが、一日が終わる最後の時間を、夫婦水入らずで過ごすのです。日中は子供の話に付き合うばかりですが、この時ばかりはと夫婦のおしゃべりが止まりません。もっぱら、夫がひとりで話して(笑)、私は聞き役ですが……。そうして過ごす時間は、互いに歳を重ねていく楽しみにもなると感じます。

と、こういうお話をすると、後輩の子に聞かれるのが「どうやったら理想の相手と出会えますか?」というパートナー問題。どういう人が好きなのか聞くと、だいたい皆さん、「包容力があって、ユーモアがあって、楽しくて」と答えるのですが、それじゃダメ! 3つの条件を深く狭く考えることが大事です。

ちなみに、私が再婚するときに挙げた3つの条件は、

①私を女性として見て、愛してくれること
②仕事を存分にさせてくれること
③長女を私と同じように愛してくれること

そして、これ以外のことには目をつむる！　夫は本当にそういう意味では、理想の夫だと思います。

ただし、リラクシングな、ラテンマインドの人なので、日々イラッとすることもお互いにたくさんありますが、3つの条件をクリアできているという意味ではパーフェクト。彼に出会って本当に人生が豊かになりました。

ただ、この先、夫婦から恋人に戻るタイミングが来てもいいかもしれない、とぼんやり考えていたりもします。

子供たちが巣立ったあとは、妻や夫という社会的なフレームから離れて、それぞれが「個」を大切にできたらなと思うのです。親も子も、夫も妻も、自由で、軽やかでいられたらいいなと。

夫や子供たちだって、海外で暮らしたいというタイミングが来るかもしれませんし、私自身も、いずれは数年間、海外で暮らして仕事をしたいなと思っています。ただ、そのとき、夫婦や家族が、必ずしも一緒である必要はないのかな、と……。

それぞれが違う場所に暮らして、アメリカやヨーロッパで待ち合わせする──そんな未来を考えると、ワクワクしませんか。

もちろん、そのまた先の未来には、もう一度、彼と夫婦に戻ることがあってもいい。それくらい、二人が軽やかな関係でい続けられたらと思っています。

上・30代で現在の夫と再婚しました。
結婚式は結婚から3年後、
長男が3歳になった頃に。
左下・最愛の夫、長女、長男、
次女と。10年前の家族写真です。
右下・夫と次女と某ブランドの
オープニングパーティーで。

20

家族の一員である前に
まずは自分。
家族はあくまで
「個」の集まりだから

私にとって、家族はベースとなる場所です。

仕事はもちろん大事ですが、同じくらい家族との時間は大切です。とはいえ、家族でひとつというよりも、「個」が集まった「チーム」でありたい、そう思っています。

だから、家族で食事に出かけるときも、疲れていたり、気分が乗らないときには、迷わずパスします。

そういう意味では、私は、妻や母である前に、ひとりの女性であり、自分、そして「娘」です。だからというわけではありませんが、両親との関係は、50歳近くなったいまでも、逆転させないように意識しています。

近所に暮らしていることもありますが、しょっちゅう行き来したり、子供の勉強を見てもらったりするのは、娘としてまだまだ甘えさせてね、という気持ちの表れです。実際、いまだに父は、「お前の仕事は大丈夫なのか?」と心配なようです。

もちろん、彼らに何かがあれば、真っ先に駆けつけますし、でき得るかぎり時間やお金は惜しみません。それは、私に限らず夫も同じ考えです。

特に夫は、自身の家族が遠く離れて暮らしているということもあり、私の父や母を実の両親のように思ってくれています。

もう10年以上前の話になりますが、アメリカ人と結婚した末の妹が、ふたり目を妊娠中のこと。

マタニティブルーが激しく、日本に帰りたい、という連絡が入りました。彼女の夫は、公務員のため仕事を簡単には休めず、まだ小さな子供もいるから、アメリカまで誰かに迎えにきてほしいと。私は仕事で都合がつきません。「じゃあ私が」と、母が迎えに行くという話になりました。そのとき、夫が「英語もままならず、車も運転できないママがひとりで行くなんて大変すぎる。僕がひとりで行くから」と、仕事を休み、1泊3日というスケジュールで、身重の義妹を迎えに行ってくれたことがありました。

このエピソードは、いまだに妹夫婦が、夫に対して感謝の言葉を口にするほど、私にとっても忘れられない、家族が広く強く「ワンチーム」であることを改めて教えてくれた出来事でした。

また、「チーム」という意味では、第2章でもお話ししましたが、夫婦のキャリアメイクを個々に考えるのではなく、「ファミリーキャリア」として捉えたっていい、と思っています。

末っ子がまだ小さかったころ、テレビに出る機会が増えたり、プロジェクト全体のバジェットを預かるような大きな仕事が増え、私はとても忙しくなっていました。もちろん、夫も忙しい日々。朝出かける前に子供たちを起こして、実家の両親のもとへ預け、そこから学校に行かせるような生活が続いていました。

目に見えて疲れているのがわかる子供たちや私たち自身を見て、何度も家族会議をしました。そして夫に「もしよければ、私が一家の大黒柱になるから、あなたは家にいる生活はどう？」と、提案してみたのです。

夫は、奨学金をもらいながらアメリカの大学を卒業したため、実は大学在学中の18歳から奨学金返済のためにずっと働き通し。「子供や家族と向き合う時間が増えてとてもハッピー」と、快く引き受けてくれ、自身の事業を5年間中断し、主夫業をしてくれました。

キャリアについては、家族を「チーム」と考えて、夫婦のどちらかが一時的にキャリアを止める決断をしてもいいと思うのです。私も今後、彼がキャリアメイクに没頭したときには、自分の仕事を躊躇なくセーブするつもりでいます。

女性だから子育てをしなくちゃいけない、男性だから外で働かなくてはいけない――そんな考えが、いまの社会にフィットしないことは、多くの人が感じているはずです。

そんなとき、共に暮らす家族が、時に「個」として、時に「チーム」として関わり合い、助け合う、そんな相互サポートの役割を担えれば、もっとキャリアは長い目で捉えられるし、自分らしいキャリアメイクができるのだと思います。そして、キャリアプランを長く設定しておけば、焦らずにすむのです。

21

「子供のために」

とは考えない。

いつか「子供のせい」

になってしまうから

夫と再婚すると決めるまでの恋愛期間、長女と彼が会うということは一切ありませんでした。

というのも、彼と恋愛するのは私自身。

その先に、再婚という選択肢があるのかないのかは、まだ未知数です。自分自身でさえ、彼との未来を決められていないなかで、まだ3歳の幼い子供を彼に会わせることはしたくなかったのです。

ましてや、「子供と彼がうまくいきそうだから結婚する」なんて考えるのは、あまりに身勝手です。私自身がきちんと彼と向き合い、「再婚する」と決めてから二人を会わせました。

自分のなかでI do と決めてからです。

「再婚しようかな」のI will のタイミングでは絶対にダメ！　と考えていました。

「子供のために仕事をセーブした」

「子供のために食事会に行かない」

――「子供のために」というこのフレーズ、一見すると親心に満ちた言葉のようですが、実は危険な言葉だと思っています。

なぜなら、「子供のために」という考えは、いつの間にか「子供のせいで」、というフレーズにすり替わってしまいやすいものだから。

しかも、このフレーズ、for子供に限ったことではありません。

「親のために結婚する or 結婚したい」

「夫（彼）のために仕事を辞める」

特に、進学やキャリアメイク、結婚や離婚などのとき、このフレーズは顔を出しやすいような気がします。それも自分のなかにまだ迷いがあるときに！　でも、これは「決める理由」を家族や他人に譲っていることに他ならないし、何かトラブルに陥ったときには、必ず「親のせいで」「夫のせいで」になってしまうはず。

そして、それは自分を苦しめることにもなりかねません。もちろん、仕事や家族の危機などの場面では、必要なことだと思いますが、なんと、日々、多用しやすいフレーズだろう！　――そんなふうに感じます。

私が日ごろから、子供に「選択させる」のも同じ理由です。「ママが言ったから」で自分の将来を決めてほしくはないし、結果は伴わずとも、自分の選択に自信と責任を持てるようになってほしいから。

キャリアを積んでいくことも、仕事を一時的に休むことも自分次第。もちろん、結婚するのも、離婚するのも自分が決めることです。決めるのに理由はいりません。「私がどうしたいか」――それを自分に問いかけ続けるだけ。はじめは難しいかもしれませんが、自分を好きになるのと同じで、訓練すればいいだけのこと。すると、他人に選択権を預ける苦しさから解放され、家族との向き合い方もラクになると思います。

22

子供は社会からのお預かりもの。一対一でオーダーメイドな子育てを

子供は社会からのお預かりもの――そんなふうに思っているので、親の期待や理想を押しつけようとは思いません。だから、いい学校を出ることだけを望んだりもしていません。

ただ、我が子に関していえば、服のセンスがずば抜けていいとか、手先が器用とか、スポーツに長《た》けているみたいな、明らかに突出した個性があるタイプではありません。それなら、可能性が広がるという意味で、大学へ進学するのがいいのかな、とは感じていますが。

都内の大学に通う長女は、2000年生まれのジェネレーションZ。哲学と読書が好きな、コツコツ型。好きなことを勉強でき、好きな本について、友達と語りあえる大学が本当に楽しい様子。5限、6限まで講義を受けて帰ってくる毎日ですし、春先、休校が決まったときは「早く学校に行きたい」と。

特に今回のコロナ禍、社会を憂いている気持ちはもちろんあるけれど、そのなかでどうやって生き抜いていこうかと、親が驚くほどに考えていることを知りました。

15歳の長男は、中学3年生。

小学校5年生のとき、「中学に入ったらアメリカに行きたい」と、何気ない会話のなかで言ったことがありました。実際に中学生になる前、もう一度、尋ねてみると、やっぱり行きたいと。彼はアメリカと日本、両方の国籍を持っている（夫がベネズエラとアメリカ、両方の国籍を取得しています）ため、夫の兄弟の家に下宿したり、夫と一時的にアメリカで暮らして現地の学校に通うなど、さまざまな選択肢がありましたが、1年間、親や親戚のいない寮生活を経験しました。勉強や英語というよりも、親元を離れて暮らすこと、知らない土地で経験したこと、触れたことのすべてが、彼の人生にとっての「潮目」になったのだと感じます。

とはいえ、日本での勉強の遅れを取り戻すのはやっぱり大変。社会や英語が得意なので、進学はやっぱり私大の文系かなと、親としては感じていますが、最終的には本人の意志に任せます。

次女は、まだ10歳。私と同じ誕生日（！）だからか、ぶつかることも本当に多いですが、まだまだ可愛い甘えん坊さんです。小さい頃から動物が好きで、いつも「飼いたい、飼いたい」と。私は、動物が苦手なのですが、縁あって先日保護施設から子猫を家族に迎えました。いまでは小さな子猫のお姉ちゃんになっています。

20歳、15歳、10歳の3人の子供たち。年齢もバラバラですが、当然、興味や好きなことだってバラバラです。

私も平日は仕事が忙しく、なかなか子供たちとじっくり話すことができない毎日。週末に家族でお出かけしても、結局、下の子が話の中心になることも……。結果、お姉ちゃんやお兄ちゃんは、スマホや、ゲームと向かい合わせ。こちらも「つまらなそうだな」と、余計な心配や気遣いをしがちです。

そんなこともあり、平日や週末など、時間を見つけては、ひとりひとりと食事やショッピングへと、出かける時間を作っています。彼らにとっては、ママを独り占めできる特別な時間。私にとっても、ひとりとじっくり向き合うことができる、楽しい時間になるのです。

3人の子供を見ても明らかなように、個性は十人十色。

親の役目は、ひとりひとりの個性と可能性を見つけてあげ、生きやすい場所を見つけ「自分らしさ」を開花させられるよう、サポートすることかなと考えています。

23

子供自身が「楽しい」か。子育てで大事なのは「選択」を経験させること

３人も子供がいると、子育てについての相談を受けたり、インタビューの依頼を頂くこともたびたびあります。誇れるような子育てなんて、全くもってできていません。でも大切にしていることがあるとすれば、前にも書きましたが、

「子供に選択させる」ということ。


たとえば、毎日の洋服。

これは小さいころから、自分で決めさせてきました。

まだ、小さいうちは、その日の気分で選んでいたような洋服が、小学校に入学するような年齢になると、ＴＰＯを意識したファッションを選択するようになってくるもの。

「今夜はイタリアンを食べに出かけるよ」なんて日には、ガールズは、時に

私のクローゼットからアイテムを勝手にひっぱり出して、とても彼女たちらしいセレクトのおしゃれをしています。正直、スタイリストの視点では修正したくなることもありますが、おしゃれは彼女たちの個性で文化。口を出さずに認めるようにしています（笑）。

学校選びや進路についても、大きな方向を決めるのは子供自身、そういうスタンスです。そのためにも、小さいころから自分で選ぶ機会を取り上げないよう気をつけていました。

いざ、将来や進路を考える時期になったとき、自分で決められない人になって欲しくはないから……。そのとき、親はヒントを与えたり、経験者としてアドバイスするくらいでいいと思っています。

そして、中学3年生までは、イヤだったら勉強はしなくてもいい、成績が悪くてもいい、学校に呼び出されてもいい、好きなことだけやってていい、そう子供たちには伝えています。

というのも、私も夫も仕事をしているため、彼らの勉強を根気強く見てあげることなどできません。小学校から受験させているのもそのためです。ただ、「高校生になったらエンジンかけるよ」とは、繰り返し伝えています。ちょうど中学3年生の長男がそんな年齢。存分に遊んだ後の子供たちは、驚くほどの集中力を持って勉強し始めるのです。

こんなふうに、社会常識や「他の人たちはこうしているから」というレールは眺めるだけにして、小さなことから、子供に選択するチャンスを与えてあげると、自身で考えて、行動していくことができるようになるのだと感じます。そして、そのなかで成功体験を重ねることが、彼らの自信へと繋がっていくのだと。

このことは、大学生の長女が教えてくれました。

長女は、小学校6年間は教科書も通知表もなし！　という、自由で自主性を尊重する学校に、小中高と通っていました。当然、高校だって大学受験の対策はありません。ただ、ことあるごとに「自分の好きなことを仕事にしなさい。好きなことでお金を稼ぐにはどうしたらいいかを考えてね」と声をかけるようにしていました。そのためには、どんな学校に行って何を学べばいいのかをリサーチしようね、とも。

フラットな視点を持ち、論理的に物事を考えられるタイプなので、きっと大学受験は、AO入試が合っていそう。実際に、高校生になってからは、日々の勉強のなかで高い評定が取れるようにアドバイスもしていました。

AO入試対策のための塾にも通い、一般入試は受けず、AO入試に絞ることに。しかも、受験したのは3校だけ。親から見ればちょっとユニークな学校であるのと、少しハードルが高いかなという学校でしたが、勉強したい学科があるのはこの3校だけ、と。夫も私も、将来のことを考えて、可能性がもう少し広がるような学校も受験したら？　と助言はしましたが、彼女の気持ちは変わりませんでした。

結果、無事に第一志望に合格したときに長女から言われた言葉は、「最後まで信じてくれてありがとう」。いまは学校や、そこでできた友達との関係がとても楽しいようです。

親の目から見ても、明るくなった彼女を見ていると、大学受験の経験は、彼女にとって、確実に自信に繋がったのだと思います。

「自分で目標を決めて成功すること」――そんな体験を後押しすることが、人生を幾分か長く生きている親がしてあげられることなのだ、と感じています。

第5章

新時代の
タイムマネジメントと
ビジネスマインド

24

8割のことはやらない。好きな2割にフォーカスする

「いつも楽しそうですね」「どうしたら好きなことを仕事にできますか？」なんて、インタビューなどで聞かれることがありますが——好きなことしかやっていないから、楽しいに決まってる！　答えはいたってシンプルです。

プライベートでは、個性あふれる3人の子供と夫と暮らすステップファミリー。のんびりする時間なんてないほど目まぐるしい毎日ですが、それも全部自分で選んだこと。誰かに何かをやらされているわけじゃないから、大変だけど気持ちはラク。

こんなふうにお話しすると、決まって「え？」という反応が返ってきますが、本当に好きなこと、得意なことしかしていません。やりたくないことをやっていないのです。10のうち、好きな2割しかやっていません。というよりも、できないのです。残りの8割をやらないなんてムリ！　と思われる方が多いかもしれません。私の場合はその8割を得意な人、サービスに頼ることにしています。

たとえば、私は経営者でもありますが、お金の計算は、時間軸が長くなればなるほど苦手です。だから、会社の年間スケジュールや予算管理は、すごく不得意。そこは、スタッフに信頼をもって任せています。

それに、私自身のスケジュール管理も苦手です。実は8年前には、運転免許の更新を忘れ、現在、免許が失効中。10代、20代に交じって30年ぶりの教習所に通っています……。

また、子供の宿題に根気よく付き合ったり、叱らずに勉強を教えることも難しい。夫も外国人のため、小学生の次女に英語以外の勉強を教えてくれるのは、もっぱら近所で暮らす70歳を超えた父。すっかり甘えてお任せしています。他にもたーくさんありますが、食事の支度だって、面倒だと思うときはパス。迷わず「食べに行こ！」です。

反対に、私が得意なことは、皆さんに「伝える」こと。そしてスタイリングです。好きで得意な2割のことだけにフォーカスしてきた結果、雑誌の編集者から、いまのコンサルティング業にまで、仕事が広がってきました。好きなことに費やす時間は、どれだけあっても足りませんし、アイディアだって次から次へと湧いてきます。愛情と熱意を、かけられるだけかけるのです。できること、楽しいこと、得意なことをとことん掘り下げて、成長させればいいのです。疲れてしまうのは、全部をこなそうと頑張ってしまうから。

もちろん、2割のことには、時間をかけて徹底的に取り組みます。

それが仕事であればなおさらです。

「結果が出ませんでした、ごめんなさい」は、通用しないと思っていますし、絶対にしたくありません。予算内でやることはやったので、結果が伴わなくても仕方ないですよね、なんてことは言語道断！

というのも、会社を経営しているとはいえ、私の仕事はフリーランスのようなもの。ひとつのプロジェクトの失敗は、2つ、3つと他の仕事にも影響を及ぼすと思っています。だから、クライアントのリクエストには100％以上の結果を出すつもりで取り組みます。当然、時間もかけますし、ひとつのプロジェクトには、代案を4つ、5つ用意しておくのは当たり前です。

たとえば、コラボレーションして洋服を販売するというプロジェクトであれば……、まずは、いま、ターゲットとなるユーザー層が欲しいのはどんなものなのかを取材しますし、店頭に行ったり、競合ブランドの商品をチェックするなどリサーチは徹底的にして、何を作ればいいのか考えます。

いざ、販売するというタイミングになれば、どんな言葉を使えば、皆さんの気持ちにフィットするか、どんな写真を撮影すれば、皆さんの心に届くのか、その時々で考えてます。それでも結果が出なかった、売れなかった。そんなときだってもちろんありますが、そのときは、用意しておいた違う球を改めて投げるのです。イベントを開催して、「服に込めたメッセージをより深く伝える」場を用意するのかもしれませんし、SNSで着回しのスタイリングを紹介するかもしれません。

私自身、イベントなどで前に立つ機会も頂くのですが、そんなときは、お客様の反応は手に取るようにわかるもの。皆さんに響かない話をすることほど苦痛なことはないですし、費やしてくださる貴重な時間やお金を、絶対に無駄にしたくありません。

何を伝えればお客様の心に響くのか、どんなところにブランドやアイテムの魅力やストーリーが詰まっているのか――それがクリアでないときには、徹底的にリサーチしますし、取材します。

だからこそ、自分で服を買うし、お店に足を運んでみるのです。私が携わるファッションというジャンルは、体験を通してでしかお伝えできないし、伝わらないと思うから。突き詰めることも、熟考することも、4つ、5つとプランを練ることだって、大変ではありますが、苦痛ではないのです。

だって、好きなことだから。

2割というのは、フリーランスという働き方での考えかもしれませんが、会社にお勤めされている方だって、全体の4割くらいに集中し、好きな仕事で結果を出すことは、可能なのではないでしょうか？　残りの6割は仮に平均点以下だったとしても、会社にはすでに「貢献」しているはずです。

そうすれば、忙しい時間だって楽しいものになるし、それは必ず、成果として花開いていくのだと思います。それに、どんなことだって、楽しそうにしている人にお願いしたくなりませんか？　特に仕事であればなおさら。楽しんでいるところに、ご縁も信頼も集まるのだと信じています。

25

心の可動域を広げ「詰まり」は自分で開通させる

可動域を広げたい――、私が日ごろから思っていることです。

可動域。辞書で調べてみたら、「動かすことのできる範囲」。

「アマーク」は、皆さんの心と体の可動域を広げるお手伝いを、と思い立ち上げました。

そして、可動域が広がったあとに続く「新しい自分になりたい」「新しい服が欲しい」「こんなメイクで街を歩いてみたい」――という新たなアクションまで、責任を持ってお手伝いできる場所でありたいな、と思っています。


ここまでお話ししてきた、好きな洋服を着て、自分軸で考えるクセをつけていくことは、心の可動域を増やすひとつの手段。

鏡に映った素敵な自分を見れば、何だか出かけたくなりますよね。

仕事仲間のなかには、「彼募集中」のときには、積極的にピンクのファッションを取り入れる人がいます。好きなピンク色のスカートをはくだけで、何だか楽しい気持ちになれて、歩き方や仕草だって変わっていく——心の可動域が広がれば、それは「ちょっとあの人、誘ってみようかな」なんて、行動にも表れてくるはず。十分に恋愛への可動域を広げていることになると思うのです。

体だって、もちろんそう。

私がヨガをしたり、エクササイズをするのは、痩せたいとかそういうことよりも、体の可動域を広げることで、思考や情緒を安定させるためだったりします。もちろん、食べたいものを美味しく食べ、大好きなビールや白ワインを心置きなく楽しむためだったり、それをリセットするためでもあるのですが……。

可動域を広げるために大切にしているのが、「どんなこともやってみないと、わからない」という気持ちです。

中南米に遊学してしまうほどに、大好きになったサルサも、きっかけは、友達に誘われたから。

現在の夫と付き合うことになったのも、友人に誘ってもらった旅行で再会したのがきっかけ。

いまだって、美容もお酒もエクササイズも、いいと教えてもらえば、とりあえずやってみます。楽しいなとか、心地いいなと思ったら続ければいいのだし、そうでなければ、やめちゃえばいいだけのこと！

このフットワークの軽さは、胸を張って人に誇れる特技かもしれません。

そして、体験してみてよかったらみなさんにシェアしたい！　そんなふうに思っています。

先日も、ヘアメイクさんが大絶賛していた整体に、長女と行ってきたばかり。

私自身は、特別調子が悪いというわけでもなく、いつもの肩こりがある程度だったので、「そんなに実感できるかな？」と思っていましたが、行ってみたら……、大正解でした！

体の詰まりばかりか、自分では気づいていなかった気持ちの詰まりみたいなものも解消できて、心身が開通して、マインドリセットしたような爽快感。

以来、やりたいことのアイディアも湧き出てくるし、なかなかスケジュールが合わずにお会いできなかった、マディソンブルーの中山まりこさんとも偶然タイミングが合い、久しぶりにワインをご一緒することができました。

体を整えただけで、いろんなことがスムーズに運び、まさに「心と体はつながっている」を実感できる体験でした。

可動域を広げることと、フットワークの軽さや身軽さは、ニアリーイコール＝ほとんど一緒です。

なかなか一歩が踏み出せなかったり、何かを変えたいとモヤモヤしているときは、体も心も可動域が狭まっているのかもしれません。まずは、あれこれ考えず、アクションを起こしてみませんか？　もっともっとラクになっていくと思います。

26

買った先の未来に責任を持つ。それがお客様目線、読者目線であるということ

「ミモレ」で編集長をしていたころ、代理店や広告部の皆さんからよく言われたのが、

「大草さんが出ると売れるんです！」。

イベントなどに私を引っ張り出すために言ってくれていたのかもしれませんが、売れなければ意味がない。そして、ウィンウィンでないと――とも。まずは買ったお客様に喜んで頂きブランドにもハッピーになってもらい、結果、自分の仕事も成功する。対価を頂いている以上、それは当たり前のことだと思っています。

また、イベントをご一緒するアパレルの販売員さんや、編集部員からたびたび聞かれることがあります。

「どうしたら、お客様（読者）に欲しいと思ってもらえるのでしょう？」って。

しつこいほどに言いますが、私の役割は、洋服と女性たちの気持ちを繋ぐトランスレーターです。

だから、言葉はとても大切にしています。

何を言うのか、どんな言葉を使うのかはもちろんですが、文章を書くときには、漢字にするのかカタカナにするのか、それとも英語を使うのか、句読点はどこに打つのか……。そんなところまで仔細に考えているのです。実は。

特に、洋服やアイテムの魅力をお伝えするときには、その商品を手にしたあと、家に持ち帰ったあと、実際に着るときのストーリーをしっかりお伝えしたいな、と思っています。

例えば、トマトのような色鮮やかなスカートがあるとしたら……、

「天気の悪い日でも、鮮やかな赤色は、はくだけで、気分がほんのちょっぴり前向きになりますよね。

少し光沢がある素材だから、

夏ならカジュアルなロゴTシャツを合わせたり、秋冬ならカシミアの上質なニットにもよく似合います。上からライダースジャケットを合わせるのも素敵ですよね」というように。手に取ってもらったものが、この先、その人の人生をどう彩るか、数歩先の未来をお伝えするのが私の仕事だから。

素材や色、形などについて語るのは、ディスクライブ＝描写でしかありません。それは、手に取ってタグを見ればわかる説明書き。

私というフィルターを通して、その一枚、一着を手に取った先の「あなたのbeautiful life」を語るのが役目――そういう意味で、私を「言葉の人」と言ってくださる方がいるのかもしれません。

だから、この本を手に取ってくださったあなたにも、ぜひお伝えしたいことがあります。

きっと、この本を最後まで読んで頂けたら、
いまより少し、自分でいることに満足できるはずです。
まだまだ先の長い未来に、ちょっぴりワクワクしてくるかもしれません。
しんどいなと思った時、自分に自信が持てなくなってしまったとき、
夜眠りにつく前に、ぜひ、1ページでもいい、開いてみてください。
そして、繰り返し、繰り返し、呪文のように読んでみてください。
私はわたしのままでいいんだ。
自分で良かった。
自分でいることが心地いい――。
気がついたら、自分を愛しく思えている、
そんな毎日がやってきます。

27

ビジョンを持ち、逆算して行動する未来への段取り力

「変わってもいい。だけど、将来どんな仕事をしたいのか一度考えて、そこからどうしたらいいのか逆算しなさいね」

――これは、進路を考え始める年齢になったころ、子供たちに、たびたびかける言葉です。

もちろん、やりたいことなんて変わったって当たり前。ただ目標を決め、そこへ向かっていくために必要なことを考える、そのステップが大切だと思っています。

私自身もそうやって高校や大学を選択してきました。高校2年生でのアメリカ留学も、決めた時の思考回路はこんな感じです。

ファッション誌の編集者になりたい。

↓

そのためには、出版社への就職率が高い大学に進学したほうがよさそう。

大学受験に合格するためには、国語は得意。社会は暗記。あとは英語ができたら有利かも！　よし交換留学の試験を受けよう！　と。環境を変えたかったこともありますが――子供のころから意外と計画的なのです、私。

←

5年後、10年後にどうなっていたいかを想像し、そのために何をしたらいいのか、それを逆算して考えることは、実はとても大切なことだと思っています。「なりゆきで」「気がついたら○○になれていた」はそんなに起こり得ません。

「5年でワンキャリア」――振り返ってみると、私は5年スパンで新しいことにチャレンジしてきました。

そのスタートとなったのは、ちょうど長男を出産したころでした。フリーランスで活動し始めて5年目くらい。ふたりの子供を育てていくためには、スタイリストとして、この先、どうしていくべきかを考えたのです。

スタイリストという職業には、ふたつのタイプがいる。デザイナーやブランドの背景にも精通し、アーティストのように服を組み立てていく職人的な存在と、自身のフィルターを通して親和性のあるファッションを提案していく存在と。——私は、圧倒的に後者に興味がありました。

ならば、自分が前面に出て、ファッションの楽しさを発信するスタイリストになろうと腹を括って、仕事を選ぶようにしました。

それまでは、「どんな仕事も引き受ける」というスタンスでいましたが、親和性を感じられない企画はお断りもしましたし、それまでにやり尽くしたような細かな仕事などは、少しずつ手放していきました。

なりたい私へと進化していくためには、挑戦するための「余白」を残しておきたかったのです。

それからちょうど5年後のお正月、当時お世話になっていた「グラッィア」

編集長の温井明子さんに頂いた年賀状に、「今年は大草直子でいくからね！」というひと言が添えられていたのです。それまで褒めてもらった記憶がなかったのであのときの年賀状は、いまでも胸の中の大切な思い出の箱に、大事にしまっています。

何でもやった最初の5年と、スタイリストとしてどうしていきたいかというビジョンを持って邁進した5年。10年という長い下積み期間も、それぞれ違う目線でいたから、着実にキャリアを積むことができました。

その後の「ドレス」や「ミモレ」のスタート期で経験した5年は、ディレクターや編集長として、メディアの全体を見るというひとつのステップでした。「ミモレ」の編集長を3年で辞めると考えていたのも、準備期間を含めて「5年でワンキャリア」が、頭の片隅にあったから、というのもひとつの理由です。

私には、5年という期間がベストでしたが、人によっては3年や10年というケースもあるでしょう。

また、逆算して実行するのは、キャリアに限ったことではありません。ライフプランだってそう。

先日、独身の女性と話していた際、どうしたら結婚できますか？　と……。

「いま、彼は？」

「いないのね。何か行動しているの？」

「何もしてない？　1年後に結婚していたいなら、まずは彼を見つけなきゃ。飲み会に行くのでもいいし、婚活でもいい。行動しなくちゃ」

意外と、みんな、この逆算して行動していくということができていないのかなと感じます。

I want toと願い続けている状態は、苦しいもの以外の何ものでもありません。I do、I didと、実現していかないと！　そのためには、逆算して、いまできること、すべきことを実践していくだけ。すごくシンプルです。それに、やることが決まれば、心は決まり体は動くはずです。

私もコーディネイトの方法やコツをお伝えするだけでなく、女性たちがもっと「ラクに楽しく生きる」お手伝いをしたいな、と思い始めて3年目。次のキャリアを迎える2年後に向け、この本の出版もその一つになるでしょう。またいまと違う自分に出会えるかと思うと、考えるだけでワクワクします。

28

コロナが教えてくれた、おしゃれの尊さと時間は貯金できること

2020年は、どんな人にも等しく変化の多い一年だったろうと思います。私自身のことでいえば、やはり春先に予定していたいくつかのイベントが中止になったり、仕事そのものがたくさんなくなったりもしました。

キャンセルや中止のご連絡を頂くたび、さすがの私も、会社を経営している立場上、ふたりのスタッフにお給料を払っていけるのか、と不安になったりもしました。でも、どの職業もどの立場の人も、少なからずダメージを受けているとき。不安で縮こまるのではなく、やりたかったことを思い切りやってみよう、と過ごしていました。

実際、雑誌の撮影やコンサルティング業務などの、対外的なお仕事は一斉にストップしていたこともあり、自らが運営する「アマーク」に集中することができました。

これまでは、タクシーの中や撮影の合間に打ち合わせをするような毎日でしたが、会社そのものも3ヵ月間ほぼ完全なリモートワークにし、ふたりのスタッフとはＺｏｏｍでじっくりとオンラインコミュニケーション。３人という規模の小ささは、リモートでも円滑にコミュニケーションが取れ、かえってよかったのだとも気づきました。

同時に、「おしゃれをする」ことが、この世界にとって、人々にとってどういうことなのか、と深く考える機会でもありました。

日本だけでなく、世界中が大変な状況のなか、目の前の命を救う仕事や、人々の生活を支える仕事には、到底及ばない自身の仕事に関して、「これまでプロとしてやってきたことは何だったのか」と落ち込んだりもしました。けれど、ひとりひとりが、頂いたこの命を豊かに、色鮮やかに生き切っていくためには、おしゃれは絶対に欠かせないものだろう、とも思い至りました。

そして、「そんなカラフルで豊かな人生を、ひとりひとりが享受できるようお手伝いをしていきたい」とも、改めて感じました。

また、大きく変わったのが家族との時間です。それまでは、子供たちとのやりとりは、すべきことを忘れないようにＬＩＮＥが基本。時間がないし、ほとんど家にいないため、「明日、保護者会のプリントの提出、お願いします」「明日、制服代をください」「今度の土曜日は部活で試合です」……、子供たちの学校に関わるやりとりは、まるで業務連絡のようでした。当然、日々のコミュニケーションに割く時間がほとんどなく、特に10歳の次女には、想像以上に負担をかけていたのだと思います。

そんな生活があの３ヵ月間で、一変しました。

毎日、毎食一緒にテーブルを囲んで食事をする。ただ、同じ空間にいること。気軽に話ができる距離にいること——そんな物理的な距離感が、子供たちにとってはすごく大切で、大きいことだったのだと、改めて感じました。

長女とは一緒に食事を作ったりして、たくさん話をしたし、次女もこの期間を経て、ずいぶんと落ち着いてきたような気がします。

いま、キャリアと子育て、もしくは介護と子育て、仕事と介護などを、髪をふり乱して両立している人に言いたい。

「大丈夫、時間というのは、毎日変わらずコツコツと積み重ねることが難しかったとしても、濃い時間は、ある時期、一気に貯金できるのです」

保護者会にもなかなか行かれない。運動会も子供の出番が終わったら走って仕事に向かう。充分な時間をかけてあげられないことを切なく思っていましたが、タイミングがくれば、こうして濃密なときを過ごすことはできる。これまで目の前を通り過ぎて行った子供たちの成長のタイミングを見逃すことも多く、記憶の記録が目減りしていく感じでしたが、図らずも、また貯金できた気がします。

たくさんの時間を貯金できた分、また新たに私ができること、すべきことにフォーカスして進んでいけたら、と思います。

商品開発を監修し、出来上がった商品の着用モデルに。
その服に込めた思いやスタイリングのアイディアを自分で執筆することも多いです。
最近ではファッション業界以外の企業からのコンサルティングの依頼も増えています。

第6章

シェアと軽やかさを鍵に、次の時代へ

29

経験とスキルを言語化し、軽やかなキャリア形成をお手伝いしたい

私の場合、30代半ばで始めたブログが、おしゃれに関してのスキルを確実に高めてくれました。それは、「写真を撮ることで客観的に見る」という視点を与えてくれたから。

洋服のサイズ感はもちろん、自分にはどんな色、素材、形が似合うのかなど、鏡を見てコーディネイトしていたときとは、少し離れた視点で自分を見つめることで、得られる気づきは本当に大きかった。

写真を撮影して、自分を客観的に見る。――SNSやこれまで出版した書籍でも、自分らしいおしゃれを楽しむためのテクニックとして、ご紹介してきました。「どうやったらおしゃれになれますか?」という質問にも必ず「ふいの瞬間を写真に撮ってください」と言います。後ろ側のパンツ丈と靴のバランスなど、鏡を見ていても気づかないことに気づくことができるからです。

私も、ファッションやメディアにプロとして関わるようになり、20年以上が経ちます。まだまだ自分では「中堅」だと思っていますが、クライアントや編集者など、ともに仕事をする仲間が年下の女性ということも増えました。

そんな、30代、40代の方たちと仕事をしていると、皆、一様に悩んでいるのです。これからの働き方だったり、お給料、自分のスキルの見極め方について……。

「今後どうやって働いていったらいいでしょう?」って。

コロナという大変な状況を経て、これからの働き方、生き方に疑問を抱いたり、改めて考えた人がほとんどでしょう。もちろん、私もそのひとり。これからは、きっと、社会そのもの、価値観そのものがドラスティックに変わっていくのだと感じます。そんなとき大切になってくるのは、「自分を商品化し、客観的に見ること」。

フリーランスの後輩や、友人たちとの集まりのなかでよく話すのが、「自分のタイトルを持ったほうがいい」ということです。

それは、〝部長〟や〝課長〟とか、〝編集者〟や〝スタイリスト〟というような肩書ではなくて「チーム同士をつなぐ影の立て役者」とか、「言葉を使ってファッションを紡ぐスタイリスト」みたいに、自分に見出しをつけるというイメージ。

会社員の方も、ご自身がお給料をもらっている＝商品としての自分を買ってもらっていると捉え、考えてみてほしいのです。

SNS時代の今、同じようなことが、「ブランディング」とか「セルフプロデュース」なんて言葉で語られたりもしますが、私が考えるのは、それとは別ものです。「見せる自分」ではなくて、自分にしかない強みを見つけていくこと、そして、それをどう社会に還元できるか、ということ。

そのためには、「客観的な視点を持つ」ことが、欠かせません。

・好きなこと
・得意なこと（褒められたり、認められていること）
・お金になること

――3つのことを、ひとつずつの円として考えてみてください。それぞれが重なる部分にあなたのタイトルが隠れているはずです。自分のキャリアがぼんやりしていたり、生き方を探し続けている人は、時間をかけてじっくりと取り組んでみてほしいと思います（ワークライフバランスを大切に、仕事が人生のすべてじゃないと思う人も、ぜひやって頂けたら！）。


私自身も、そうやっていまのキャリアにたどり着きました。

子供のころから好きだったのが、「人に伝えたり、シェアすること」。

そして仕事を通して経験を積んだ得意なことが「ファッション」です。このふたつを繋ぎ合わせて取り組んでいるのが、主宰している「アマーク」であり、ブランドの認知度や売り上げをアップさせるための、コンサルティングやブランディング業という仕事なのです。

好きなことは自分でわかることですが、もしかしたら、得意なことは、人から褒められたり、認められることでしか浮かび上がってこないのかもしれません。

振り返れば私も、「あなたは言葉の人だから」というマディソンブルーの中山まりこさんのひと言だったり、ブログに寄せていただいたコメントや、読者の方からのコメントが、少しずつ「言葉」という部分についての自信になっていきました。

こうして、出会ってきたたくさんの人が、私の強みを見つけてくださったように、これからは私がそのお手伝いをできないかな、とも考えています。彼女たちのスキルが、しっかり社会の役に立ち、その見返りとして対価を頂けるようサポートしたり、スキルと企業をマッチングしたり……。まだ、おぼろげなイメージではあるのですが。

この、自分にタイトルをつけたり、スキルを客観視することは、フリーランスで働く人だけではなくて、会社にお勤めされている方も、専業主婦の方にも同じように言えることだと思っています。この新しい時代、仕事に邁進することだけが「善」ではないのと同様、60歳で会社を辞めて、あとは細々と暮らしていくなんて常識ではなくなっていくことも確か。

私は70歳を超えても現役で、と考えていますが、時間があるということは、可能性があるということ。それなら、可能性の芽を、いまから育んでいったほうが絶対にいい。

自分を商品化して、オンリーワンの仕事やキャリアを積んでいく——そんな時代を、皆さんが軽やかに進んでいけるように、私がお手伝いできることは何なのか。そんなことを考え始める今日この頃です。

30

時代は「所有」から「シェア」へ。私ができること

私が、編集者という仕事を選んだのは、「みんなに知ってもらうこと、伝えること」が、好きだったからに他なりません。

仕事柄得られる情報やチャンス、それらを経て経験したことを、本や雑誌、SNSを使って言葉にのせて共有したり、コラボレーションで作った洋服や空間などの、形に変えてシェアしています。

「シェアしたい」というこの気持ちは、経営者としてビジネスをしていくうえでも、大切にしています。たとえば、コンサルティングのときなどは、プロジェクトの着地点を必ずクライアントとの間で共有します。洋服の販売であれば、どれくらいの売り上げを目指しているのか、SNSでのフォロワー数はどれくらいを目標とするのか、ブランドサイトのPV（ページビュー）やオンラインショップへの送客はどれくらいを狙っているのか。――こうやって数値をシェアしたうえで、「私も頑張るけど、お互いに頑張りましょうね」と、お互いを鼓舞し、やる気にさせるのです。

どんな仕事も、ひとりでできるものでは決してありません。チームで取り組むから計り知れないエネルギーが生まれるし、それが結果や、面白さにも繋がっていくはずです。

特に、私がやりとりするのは、30代、40代の後輩世代の女性たち。これから先の未来を作り上げていく彼女たちを、モティベートしていきたいし、結果を残して彼女たちに花を持たせたい――それはある意味、社会にお返しできることのひとつなのかなと思っています。

また、シェア意識と同じくらい大切にしているのが、公平であることです。これはビジネスマンとしての思考によるところが多いと思いますが、関わる人、全員が、うるおうような世界であって欲しい。

私にとって「アマーク」は、そういう場所でもあります。

アパレルにしてもコスメにしても、食品に関しても、原価率という考え方は避けられません。たとえば、3000円で作れる洋服があったとして、大きな会社だと従業員や流通、在庫を管理する倉庫にかかるコストなどを見積もり、1万円くらいのプライスをつけて販売するのが、一般的なやり方だとしたら、「アマーク」では同じものを半分くらいのプライスで販売していきたい、と思っています。

でも、そのためには在庫を残さないように、受注生産というやり方でしか対応できなかったりするのは確かですが、適正価格でショッピングができ、工場だって余分な生産をしなくて済む。もちろん、売れ残ったからと、廃棄になってしまうようなこともない……。

サステナブルな世界、公平なビジネスって、きっとこういうことでは？　と考えています。

特に、10代、20代をみていると、私たちが抱いていた、「自分のものにしたい」「所有したい」という意識は、もはや過去に置いてくるべきものなのかもしれない、そう感じます。

先日、私の大切な、アニエスベーのレザーカーディガンがない！ と思い、自室のクローゼットやら、長女のクローゼットやら、家じゅうを探していました。すると数日後、長女の机の上に「ありがとう、また貸してね」ってお友達からのメモと一緒に私のカーディガンが（笑）！ ほかにも、長女が見たことのないワンピースを着ていると思ったら、「これ、友達に借りたんだよね」って。

まだまだ昭和な私は、そんな感覚にビックリしてしまいますが、ファッションだけでなく、ライフスタイルや価値観、すべてのことが多様で、公平性に満ちた世界が広がれば、もっともっと、ラクで軽やかな生き方が広がっていくことは確か。このまま、新しい時代やトレンドの流れが、進んでいくといいなと感じます。

31

軽やかに生きるとは、より本質的なものに移っていくこと

この本を書くにあたって、「これまでお手本にしてきたり、憧れてきた人はいますか？」――そんな質問を頂きました。

振り返ってみても、追いかけ続けたりした人っていないのです。ただ、人生の岐路で、必要な言葉をかけてくださるお手本的な存在としていた人は、確実にいます。

そしてそんな方々は、48歳のいまも、ちょっぴり人生の先を行く存在として時に灯りになり、時に共に現代を生きるものとして支え合う存在ともなっています。彼女たちの生き方を見ていると、どんどんエッセンシャル（本質的）な方向へ向かっているように感じます。どんどん軽やかになって、ピュアになっていく――そんなイメージです。

「アフターコロナの時代」
「ニューノーマル」

――そんな言葉がスタンダードになりつつある日常で、これからの生き方やあるべき姿みたいなものを、私もたくさん考えてみました。そこで、いま言えるのは、彼女たちのように、軽やかに自分らしく生きていくというのが、ひとつのお手本になるのかな、ということ。

先日、そんな生き方を示してくださる存在のひとり、マディソンブルーの中山まりこさんに、この本のテーマ「飽きる」ということについて話をしたときに言われた言葉がとても印象的でした。

飽きるというよりも、どんどん進化していっているということだよね。
ファッションの仕事をしていると〝永遠の定番〟なんて言うけれど、そんなものは、本当はないんだよ。自分の10年後なんてわからない。
永遠なのは、自分が変わり続けるということ。人は変化して進化することで永遠に自分を好きでいられるんじゃないのかな。

って。まさにこれです。変わり続けるからこそ進化できる。そして、進化していくことが、永遠に自分を愛することに繫がっていく、と改めて思い至ったのです。

32

情熱の種はみんなにある。
それを芽吹かせる術《すべ》が
わかれば
誰もが情熱的な人生に

情熱を持って生きていますね――最近、頂いて嬉しかった言葉です。自分ではわからないけれど、詳しくお伺いしてみると、どうやら信念を持って生きているように見えるのだとか。いかがでしょうか？

確かに、おっしゃる通りです。

いま自分が持てる力すべてでこれまでの経験やご縁を、しっかり返せるような人になりたい、そんな人であり続けたい、とは、いつも考えています。そのために何ができるか？ 何をしたらいいか？ いま、すべきことは何か？ そんなことで頭のなかはいっぱいです。だから、時間はいくらあっても足りません！

とはいえ、こんなふうに思えるようになったのは、本当につい最近のことです。それまでは、お話ししてきたように、自信がなかったし、勝手に「こうあらねばならない」というフレームの中に自分を押し込み、苦しんでいました。
それに気づいて、ひとつひとつフレームを外し、「自分はどうしたいの？」と問いかけ、その答えがうっすらとでも見える方向に進んでみただけです。

どんな人も、情熱的に生きるための種を、握りしめて生まれてくるのだと思います。

ただ、私たちはその種の育て方、水のやり方、芽吹かせる方法を、これまで教わってこなかった。もしかしたら、種を持っているということさえ知らなかったのかもしれません。

一般的な常識やしきたり、多数決ではかることがよしとされる社会のあり方は、「私が私であることが愛おしい」という、シンプルなLOVE MYSELFのハードルを、想像以上に上げてしまっていたような気がします。
でもね、このハードル、ひとつひとつ下げていくことができるんです。

時間はかかるかもしれないけれど、絶対に下がる。断言できます。

だって、私がそうしてきたから。

すると、「あ〜、なんだか息が深く吸えるかも」ってなってくるの。次には、他人を妬んだりすることもなければ、責めたり否定することもなくなって、何だか生きるのがラクになる。そうなったら、あとは自分にフォーカスしていけばいい。無理に「自分磨き」なんてしなくていい。ただ、「自分を愛する」ことに集中すれば、それだけで100点満点です。


そのためには、ネガティブな情報など、見ると落ちこむようなことからは逃げることも大切。

たとえば、SNSなら見ない。親切という名の大きなお世話を言ってくる人がいれば、「その話はパス。ごめんね。私はいいや」って言ってください。

私も実際、そうやって日々、危険な落とし穴は避けています。

ちなみに、2020年は、占星術では220年ぶりに新しい時代へと移り変わる転換期だそう。

これまでの生き方や常識が、どんどん変わっていくスペシャルなタイミングなのだとか。そんな時代に、こうして命を宿して生きていることは、それだけでプレシャス（貴重）なこと、そう思わずにはいられません。

おわりに

自分を肯定する「勇気」

講談社ミモレ編集長の川良咲子さんから、「大草さんの生き方やキャリアに対しての考え方、その姿勢を本にしたい」と言われたのは、2020年の春。誰もが忘れられない、その年の3月から6月。ほとんどの仕事をリモートにして、「さまざまな人たちによって支えられている日常」に感謝し、その上で存在するべきおしゃれ=私の仕事、人生について深く考えたタイミングでした。こんなに自宅にいたことはなかった、という数ヵ月を過ごし、自分がいまできること、そして、今後するべきことを整理できたように思います。そうして晩秋に、この本が完成する、というタイミング！

価値観が大きく変わり、さらに、2020年12月には星の配列がドラスティックに変化します。産業革命以降、220年以上続いた「土の時代」から

「風の時代」へ。土から風へ、このキーワードからも読み解けるように、生き方や働き方は、もっともっとフレキシブルに、そしてしなやかになるでしょう。キャリアを新入社員から定年まで積み重ねることだけが正解で安全ではなく、風に乗るように、常に新しい気持ちでスタートし、軽やかに舞い上がっていく——それがコモンセンスになるのだとしたら。私たちの生き方や働き方は、もっとずっとラクになるはずです。きっと年次やジェンダー、会社員やフリーランスなどのスタイルの違いは、もっともっと多様化し、お互いを認め合うでしょう。もしかしたら、実は私は、このことを22歳で働き始めたころに、気づいたように思います。

そうです。この本のオーダーは、きっとそこが大きなポイントだったのでしょう。私は決してビジネスの勝者ではなく、成功者でもありません。働くことに、他者との勝負は存在せず、あるとしたら、「自分に負けない」ということだけ。そして成功することは重要ですが、「成功者」というタイトルは必要ありません。なんだか楽しそうに、好きなことにフォーカスして働いていること、それができたら一番良いんじゃないか、というシンプルなセオリーなのです。

働いてきた道のりを振り返り、体系化するチャンスをくれた、川良編集長には心から感謝しています。そして、この1冊は、初めて自分で書かず、プロのライターさんに書いて頂きました。かなりの時間、インタビューで独白しました（笑）。時間軸も、そして内容もまちまちで語ったことが、きちんとラインになり、さらに立体的になっている！　プロの仕事はこういうことか、と深く感じ入りました。面白がって話を聞いてくださり、まとめてくださった、ライターの畑中美香さん、そしてシンプルでフレンドリーな装丁をしてくださった杉山健太郎さん、カバーの写真を撮ってくださった目黒智子さんにも、心からありがとうございました、と申し上げたいと思います。

最後になりますが、ファッションを通じて私を知っていた方、もちろん知らなかった方もいらっしゃると思います。このページまで読んでくださり、ありがとうございました。何かあったときに、ぜひ読み返してください。この本が、自分がやってきたことを肯定し、そしてさらに前を向いて歩いていこう、という「勇気」になったら良いな、と思います。

大草直子

編集協力　畑中美香
装丁　杉山健太郎
表紙・口絵写真　目黒智子

大草直子

Naoko Okusa

1972年東京生まれ。スタイリングディレクター。
大学卒業後、婦人画報社（現ハースト婦人画報社）に入社。
憧れの雑誌「ヴァンテーヌ」の編集に携わったが、
サルサとの衝撃的な出会いを果たし中南米に遊学。
帰国後はフリーの編集者・ライター・スタイリストとして活躍し、
結婚、第一子を出産。
雑誌、カタログのスタイリングをこなす傍ら、
広告のディレクションやトークイベント出演、執筆業にも精力的に取り組む。
その間、離婚、再婚し、現在はベネズエラ出身の夫、3人の子供と暮らす。

2015年1月よりウェブマガジン「ミモレ」を創刊編集長としてスタート。

2018年7月には「ミモレ」のコンセプトディレクターに就任。

2019年よりセルフメディア「アマーク」をスタート。

最近では商品開発やブランドコンサルタント業などでも活躍中。


『大草直子のSTYLING&IDEA 10年後も使える「おしゃれの結論」』（講談社）、

『大草直子のNEW BASIC STYLE』（三笠書房）など著書多数。

インスタグラム@naokookusaも人気で、2020年10月現在フォロワーは28.6万人。

飽《あ》きる勇気《ゆうき》
好《す》きな2割《わり》にフォーカスする生《い》き方《かた》

2020年11月11日　第1刷発行

著　者　大草直子《おおくさなおこ》
発行者　渡瀬昌彦
発行所　株式会社 講談社
〒112-8001　東京都文京区音羽2-12-21
電話　編集 Tel 03-5395-3814
販売 Tel 03-5395-3606
業務 Tel 03-5395-3615
印刷所　大日本印刷株式会社
製本所　株式会社国宝社

定価はカバーに表示してあります。

ISBN 978-4-06-521512-8

「誰でもよいあなた」へ――投壜通信

dare demo yoi
anata e
tōbin tsūshin

伊藤潤一郎

講談社

目次

装幀　大倉真一郎

「誰でもよいあなた」へ――投壜通信

1.「あなた」を待ちながら

「みんなが右を向いたときには、左をよく見るくらいのことはしてください」

最近ふと、この言葉を思い出すときがある。たしか高校の卒業アルバムに書かれていた、教師が卒業生に送るメッセージのひとつだったのだが、どういうわけか近頃この言葉を思い出すようになった。実家に現物をたしかめに行っていないので、本当にこんな言葉が載っていたかは定かでない。それに、なぜみんなが向いているのは「右」なのだろうか。なぜ「左」を見ろと言われているのか。いま考えると、その含みがわからないでもないが、いずれにしても、高校卒業後一〇年以上の時を経てこの小さな小さな言葉はやっと私のもとに届いたようなのだ。おそらく、それを書いた当人も予想しなかった事態にちがいない。

けれども、こうしたことは言葉ではよく起こるのではないだろうか。自分のなかに澱のように沈んでいた言葉がふとした瞬間に想起され、言葉が新たな相貌を見せるという経験は、誰しも一度ならず心当たりがあるだろう。いわばそれは、言葉が人間のうちでいつのまにか発酵していくような経験である。そうしたプロセスにおいては、言葉はもはや人間の意識的なコントロール下には置かれておらず、言葉の生成変化がどこかでひっそりと進行している。驚きをもたらすような言葉の変化は、言葉自体を時間の流れにまかせるところからはじまるのである。リルケは、こうした事態を「待つ」という言葉を用いながら印象的に述べている。

詩はいつまでも根気よく待たねばならぬのだ。人は一生かかって、しかもできれば七十年あるいは八十年かかって、まず蜂のように蜜と意味を集めねばならぬ。そうしてやっと最後に、おそらくわずか十行の立派な詩が書けるだろう。詩は人の考えるように感情ではない。詩がもし感情だったら、年少にしてすでにあり余るほど持っていなければならぬ。詩はほんとうは経験なのだ。〔…〕追憶が多くなれば、次にはそれを忘却することができねばならぬだろう。そして、再び思い出が帰るのを待つ大きな忍耐がいるのだ。*1

詩人が紡ぐ言葉は、忘却という時間をかいくぐった言葉でなければならない。それと同様に、いつかどこかで読んだり聞いたりした言葉が、ある日どこかで新たな意味をともなって私のもとへと届くためには、忘却という時間が欠かせない。このような経験は、非人称的なものと人称的なものが絡み合うことではじめて生じるといえるだろう。言葉が寝かされて、熟成されていくプロセスは、人間の意志が介入しえないという意味でまさに非人称的なものである。ひとに驚きを与え思考を駆動させるような言葉は、一度人間の権能の外に置かれなければならないということだ。しかし、言葉が何かをきっかけとして私の意識に浮かび上がってくるという点では、その言葉はほかならぬ私という一人称へと宛てられたものとして届いている。言葉がいつ想起され、何をきっかけとして思い出されるかは誰にも予想することができないにもかかわらず、想起された言葉が届くときの宛先はつねに私なのである。非人称的な言葉の沈殿過程から浮かび上がってきた言葉は、ほかの誰でもない私という一人称にとって意味をもつ言葉になる。

しかし、こうした事態はなにも想起される言葉に限られたことではない。またしても詩の話になるが、詩人たちが語ってきたいわゆる投壜通信のモチーフは、まさに私へと言葉が宛てられているという事態をいわんとするものだった。ラーゲリで命を落としたロシアの詩人オシップ・マンデリシュタームは、「対話者について」というエッセイにおいて、投壜通信の名宛人とはその壜を拾い上げた者だと述べている。

航海者は遭難の危機に臨んで、自分の名と自分の運命を記した手紙を瓶に封じ込め海へ投じる。幾多の歳月を経て、砂浜をそぞろ歩いていて、わたしは砂に埋もれた瓶を見つけ、手紙を読んで遭難の日付けと遭難者の最後の意思を知る。わたしにはそうする権利がある。わたしは他人あての手紙を開封したりはしない。瓶に封じ込められた手紙は、瓶を見つけた者へあてて書かれているのだ。見つけたのは、わたしだ。つまり、このわたしこそ秘められた名宛人なのである。*2

難破しかけた船から海へと投げ込まれた壜は、砂浜でそれを拾い上げたひとを宛先としている。おそらく、投げたほうは拾った者のことを知らないだろうし、たまたま拾ったほうもなぜそれが私を名宛人としているのか明確に答えることはできないだろう。にもかかわらず、壜を拾った者はその手紙がほかならぬ私へと呼びかけていることを感じ取ってしまう。まさに私が読まなければならない手紙として壜は拾われるのである。とはいえ、このような事態は波打ち際を歩かなくとも多くのひとが経験していることだろう。詩や小説を読んだときに、それがまさに自分に宛てられていると思ってしまうとしたら、その言葉は私宛ての投壜通信にほかならない。自分の名は書かれていないにもかかわらず、まさに私への親展であるかのように受け取れてしまう言葉がこの世界にはたしかに存在している。

投壜通信というモチーフが示すこのような事態を考えるための手がかりとしては、たとえば「偶然」、「出会い」、「出来事」、「特異性」などといった哲学の概念や、宗教が語る

「選び」といった考え方が思い浮かぶかもしれない（これらは、いわば類型化や一般化を逃れるものを思考するための概念である）。しかし、ここで私は投壜通信における人称のあり方にこだわってみたい。なぜある種の言葉はほかならぬ「私」を名宛人にしてしまうような力をもつのだろうか。マンデリシュタームは「私」という一人称から投壜通信を語ったが、このロシアの詩人を熱心に翻訳したパウル・ツェランは、それとは反対に「あなた」という二人称から投壜通信を語っている。

詩は言葉の一形態であり、その本質上対話的なものである以上、いつの日にかはどこかの岸辺に――おそらくは心の岸辺に――流れつくという（かならずしもいつも期待にみちてはいない）信念の下に投げこまれる投壜通信のようなものかもしれません。詩は、このような意味でも、途上にあるものです――何かをめざすものです。

何をめざすのでしょう？　何かひらかれているもの、獲得可能なもの、おそらくは語りかけることのできる「あなた」、語りかけることのできる現実をめざしているのです。

そのような現実こそが詩の関心事、とわたしは思います。[*3]

壜を海へ投げるとき、投げ手はその手紙がどこかのあなたへと届くことを信じている。

投げ手の心のなかには届いてほしい具体的な誰かがいるかもしれないが、実際にそのひとへと届く確率はゼロに近いだろう。それでも遭難した船から壜が海へと投じられるのは、その手紙を誰かが拾ってくれるという「信念」が投げ手にあるからだ。その誰かを、ツェランは鉤括弧を付して「あなた」と述べる。海に投げ込まれた手紙の宛先は、誰でもよい誰かではなく、「あなた」という二人称関係のなかにあるひとだというのである。しかし当然のことながら、たまたまどこかの岸辺に漂着した壜を拾い上げたひとがその「あなた」である以上、壜を投げた当人はそのひとを知るすべをもたないし、手紙が運よく届いたときにはすでにこの世にはいないかもしれない。それゆえ、ツェランが語ろうとしている「あなた」とは、いわば対面関係にないような二人称なのだ。同じ時間と空間を共有することなく、投げ手と受け手のあいだにあらんかぎり隔たりが開かれつつも、それでもなお成立しうるような二人称関係。それこそツェランがわざわざ鉤括弧を付して語っている「あなた」なのである。この「あなた」とは、誰なのかすぐには知りえないけれども、どこかにいるあなた、その意味で「誰でもよいあなた」なのだといってもよいだろう。壜の投げ手はそれを受け取るひとを知らないがゆえに、この「あなた」には誰でもよいという不定性が不可分なかたちで結びついている。ここで問われている二人称とは、あえて耳慣れない言葉を用いるならば不定の二人称なのである。

このような「誰でもよいあなた」は、いうまでもなく「誰でもかまわないあなた」ではないし、「誰でもよい誰か」と混同されてもならない。投壜通信は「誰でもよい誰か」へと向けて投げられるのではなく、「誰でもよいあなた」へと宛てられている。いわばそれは、均《なら》された「ひと」へと向かうことを断固として拒み、平均値を逸脱する「あなた」を切実に求める言葉である。まったき不定性ではなく、不定性に二人称という限定が加わることによって、言葉は切迫感を帯び、ツェランが語るようにそこに投げ手の「信」が宿るのだ。そのような言葉であればこそ、漂着した壜を拾い上げたひとは、それをほかならぬ「私」宛ての手紙として読むことができるのだろう。しかし、そもそも「誰でもよい誰か」に宛てられた言葉と、「誰でもよいあなた」に宛てられた言葉を分けることはできるのだろうか。両者を分ける指標などあるのだろうか。ここで思い出さなければならないのは、詩人たちによる「投壜通信」というモチーフを探究する細見和之の次のような指摘だろう。

ともあれ、詩をあくまで「対話」、「あなた」への語りかけと呼ぶ、さきに引いたブレーメン文学賞受賞講演におけるツェランの語り方は、私たちにも非常に馴染みやすいものだろう。しかし、そう語りながらツェランが実際に綴っていたのがまさしくあの「エングフュールング」のような作品だったということを、私たちは重ねて考えなければならない。[*4]

「あなた」への語りかけとしての詩という、ある意味ではわかりやすく明快なツェランの議論とは裏腹に、ツェラン自身の詩がきわめて難解であるという事実をどのように考えればよいのか。現代の詩や小説や哲学はとかく「難解」という言葉で形容されやすく、そのように語ること自体は容易だが（難解さしか手がかりがないので仕方がないともいえる）、しかし「難解」という言葉から一歩踏み込んでテクストを読み解こうとするとたちまちそこには高い壁が聳え立っている。ツェランの詩もまたそのような性質のテクストである。それではいったいなぜ、ツェランは「あなた」へと言葉が届く「信」を語りながら、かくもひとを拒むような詩を書いたのだろうか。この点について、細見は『「投壜通信」の詩人たち』に先立つ著作で、すでに次のような説明を与えていた。

いわば内的に封印されたツェラーンの詩、それは読者を徹底的に「選ぶ」のだ。ツェラーンがさまざまな詩のなかで用いている「あなた」が何を指しているのか、「神」なのか、亡き母なのか、その都度いろいろと議論することが可能だ。しかし少なくとも、ツェラーンが詩＝投壜通信の宛先に想定している「あなた」とは、このようなきわめて限定された「読者」とまず考えることができるだろう。*5

ここで述べられている「選ぶ」とは、「誰でもよい誰か」と「誰でもよいあなた」を分けるポイントだろう。読者を「選ぶ」詩であればこそ、その詩は「あなた」という限定された二人称へと語りかけることができる。それゆえ、ツェランの詩の難解さとは、「誰でもよい誰か」ではなく「誰でもよいあなた」へと言葉が宛てられるための条件とさえいえるかもしれない。誰とでも同じ関係を結ぶのではなく、「あなた」という限定された二人称と特別な関係を結ぶことができる言葉とは、誰にでも同じ意味を伝える情報のような言葉ではなく、「あなた」にとって一般化しえない意味を生み出す言葉なのである。そのような言葉が、ツェランにおいては難解さというかたちで表れているのだ。

とはいえ、「誰でもよいあなた」へと宛てられる投壜通信はつねに難解なものであるとは限らない。平易な言葉であっても、それがほかでもない私に宛てられていると思えるものは存在するはずである。[*6] もしそうだとすれば、「誰でもよいあなた」へと宛てられた言葉のあり方とはどのようなものなのだろうか。ここでは、先に引いた『マルテの手記』でも語られていた「待つ」ということに注目してみたい。ただし、いま問いたいのは、詩人という人間が待つことではなく、言葉そのものの「待つ」という様態である。

言葉を主体とする「待つ」を問うときに欠かせないのが、「ながら」というあり方である。「待つ」と「ながら」。いうまでもなく、ベケットの『ゴドーを待ちながら』がすぐに思い浮かぶところだろう。同作品の草稿研究によれば、「『ゴドーを待ちながら』の執筆は、待つ対象や目的よりもその行為や過程に重きを置いて進められていたのではないかと推測される」[7]。つまり『ゴドーを待ちながら』は、ゴドーという対象ではなく、「待つ」という行為そのものを問い直す作品として読むことができる。しかし、そこで問われる「待つ」とは、ただたんに「待つ」ことではなく、タイトルが端的に示しているように、「ながら」という様態での「待つ」ことである。たとえば、第二幕の次のようなやり取りを見てみよう。

エストラゴン　何をしようか、今度は？
ヴラジーミル　待ちながらか。
エストラゴン　ああ、待ちながら。[8]

この箇所はフランス語の原文を見ると、ヴラジーミルとエストラゴンどちらの台詞も《En attendant》と同一で、安堂信也と高橋康也はそれを「待ちながらか」、「ああ、待ちながら」と訳しわけている。ちなみに、英語版を底本とする岡室美奈子による新訳では、原文の“While waiting”が、それぞれ「待ちながらなぁ」、「待ちながらねぇ」と訳されており[9]、フランス語と英語では声のトーンや身振りなど身体で差異を生み出すしかない同一の台詞が、日本語訳では言葉のうえで訳しわけられているおもしろい場面である。とはいえ、さらに興味深いのは、フランス語原文でジェロンディフという文法〈en ＋現在分詞〉

というかたちのこと）が使われているところだ。ジェロンディフとは、大まかにいえば英語の分詞構文のようなもので、ここでは「待ちながら」という翻訳から明らかなように、二つの行為の同時性を示すものとして用いられている。実際、ヴラジーミルとエストラゴンは、ゴドーを待ちながらおしゃべりをしたり首を吊ろうとしたりさまざまなことをしていく（先の引用の直後では運動を始める）。つまり、『ゴドーを待ちながら』は、ただ待つことではなく、待ちながら何かをするという二つの行為の同時性を延々と描きつづける作品なのである。

ただし注意しなければならないのは、ヴラジーミルとエストラゴンは、〈何かをしながらゴドーを待っている〉のではなく、〈ゴドーを待ちながら何かをしている〉ということだ。主にあるのは、待つことのほうではなく、あくまで脈絡のないおしゃべりなどをすることのほうであって、待つことはどこまでも「ながら」という余計なものの位置にとどまっている。いってみれば、『ゴドーを待ちながら』が描く「待つ」とは、主たる行為としての待つことではなく、何らかの行為に寄生してのみありうるような待つことなのである。しかし、こうした余計な「待つ」は、奇妙な力をもっているのかもしれない。ベケットにおいて「待ちながら」というあり方は、フランス語の文法的には現在分詞を用いるジェロンディフによって表現されていたわけだが、この点を踏まえると、メルロ＝ポンティが『知覚の現象学』で打ち出した「語りつつある言葉（parole parlante）」という言葉のあり方に関する加國尚志による次の指摘は、きわめて重要なポイントを突いているように思える。

この「語りつつある」という現在分詞は、単純に慣習的なコードに則しての意味されたものの反復的産出を意味するのではなく、慣習的な言語使用から切断され、言語の慣習的な意味の場から語る主体が身を引く可能性を留保しながら、同時に、それが言語である以上やはり言語の意味の可能性の場に記入されていることを意味している。*10

ほぼ同年のメルロ＝ポンティとベケットが、両者とも現在分詞やジェロンディフによってみずからの思想を表現しようとしていたことは注目に値する。メルロ＝ポンティによる「語りつつある」という現在分詞の使用が、一般化可能な意味から言葉が溢れ出る可能性を示しているのであれば、ベケットの「待ちながら」という現在分詞も、主たる行為からはみ出ていく行為の可能性を示しているといえるだろう。簡潔にまとめれば、両者にとって現在分詞やジェロンディフとは、既成の秩序の外へ出る言葉や行為を示すための文法なのである。とはいえ、それは文法である以上、まったく意味をなさないのではなく、なんらかの意味の場のなかには存在している。つまり、「待ちながら」や「語りつつ」という現在分詞に賭けられているのは、意味の内部から意味の外部への通路を開こうという困難な企てなのである。

いくぶん回り道をしたが、投壜通信もまたこのような「待ちながら」というあり方をしているると考えられる。それも、「誰でもよいあなたを待ちながら」というかたちで。不定の二人称を待ちながら存在している言葉は、大多数のひとにとっては一般的な意味として受け取られる数多ある言葉のうちのひとつでしかないだろうが、どこかの「あなた」にとっては一般化しえない意味（「意味の外の意味」とでも呼べるようなもの）をもつ特異な言葉なのである。投壜通信としての言葉には、誰にでもほぼ同じ意味として読み取られる一般性の側面と、「誰でもよいあなた」へと宛てられた「待ちながら」という側面が同時に存在しているということだ。

もしかすると、「誰でもよいあなた」を待ちながらも、誰にとっても同じ意味へと切り詰められた言葉がこの世界にはたくさんあるのかもしれない。本書では、そのような言葉を、「誰でもよいあなた」を待つ言葉として読んでいきたい。投壜通信としてテクストを読むとき、そこには閉塞した現状の外に通じる突破口が開かれていることだろう。「みんなが右を向いたときには、左をよく見るくらいのことはしてください」。右を向いている言葉のなかで左を見ること。それは、岸辺を歩きながら手紙の入った壜を拾い上げることなのである。

2. 庭付きの言葉

「とてもよいですね、けれどそこに庭は？」

博覧強記で知られる二〇世紀フランスの哲学者ポール・リクールは、弟子が出版した初の著書を読んで本人にこう告げたという。しかも、庭に面した窓を開けながら言ったというのだから、哲学者は弟子の本に何らか閉じたものを感じたのだろう。庭を欠いた言葉。とてもよくできてはいるが窓が開いていない言葉。それはどのようなものだろうか。

まず気づくのは、リクールのこの言葉が何を謂わんとしているのかすぐにはわからないということだ。「とてもよい」と評価されたそばから、「庭」がないと指摘されたところで、何を言われているのか即座に理解できるひとはほとんどいないだろう。何かが欠けていると批判されたことはわかるが、それが「庭」だと言われても困惑するのが普通の反応にちがいない。むろん、リクール自身もそのような反応が返ってくることくらい百も承知のはずである。そうであれば、少しばかり視点をずらして、これはすぐには理解されないことを狙った言葉なのだと考えてみたらどうだろうか。つまり、謎めいた言葉を発するという行為それ自体が、この言葉を読み解くヒントになっているのである。

相手に謎を与える言葉、これを「暗号」と言い換えるとしたら、若き日のリクールが傾倒したドイツの哲学者カール・ヤスパースの思想がまず思い浮かぶ。「あらゆるものが暗号に成りうる」[*1]と述べるヤスパースにとって、世界は暗号に溢れており、その暗号を解読することによって、超越者（存在や神）と束の間の関係を結ぶことができるのだった。あるいは、リクールと親しかった「人格主義《ペルソナリスム》」の思想家エマニュエル・ムーニエも暗号解読の重要性を語っている。主著『人格主義』の一節では次のように語られていた。

> 人格によってなされる自己の召命に関する不断の解明は、利害、順応、成功等、あらゆる手近な目標を絶えず打ち砕いているものであるから、この意味において、人格とは、たとえ彼の行為の各々は約束されたものであり、誓われたものであるとしても、無償性そのものであると言うことができる。人格とは、人間のうちにあって、利用され得ないところのものである。[*2]

ムーニエにおいて「召命」とは、神から呼びかけられるものであるが、それはすぐに理解できるかたちで与えられるわけではなく、あたかも暗号のようなものとして人間に現れる。その暗号を試行錯誤しながら「解明」することによって、はじめて人間は俗世の利害関係を超越し、社会的な有用性という尺度から解き放たれる。ムーニエの語っているところをこのようにまとめると、いかにも内省的で聖書の言葉を読み込むことを説いているようにも思えるが、遠藤周作とともに戦後いちはやく人格主義を日本に紹介した加藤周一が指摘しているように、ムーニエの思想の意義は社会変革を志向する点にあった。[*3] しかし、戦後を代表する知識人が注目した存在でありながら、ムーニエの名はいまやほとんど忘れ去られており（例外は、須賀敦子や『人格主義』の訳者のひとり越知保夫についての若松英輔の仕事だろう）、その理由を探ることは戦後日本の思想史を考えるうえで興味深いが、この点についてはいまは措いておこう。いずれにせよ重要なのは、キリスト教的な語彙に彩られたムーニエの思想が、その実、人間の根深い欲望を捉えているということである。神から与えられた召命を解読することが生き生きとした人格につながるという発想は、暗号という謎の解明を生の原動力としている点で、見事に人間の欲望のあり方を組み込んだ議論となっている。暗号研究者の長田順行は、一九七一年に発表したその名も『暗号——原理とその世界』（のちに『暗号大全』と改題）を、「情報化時代と呼ばれる今日、ある意味で暗号はまさに時代の花形である」[*4] という一文から書き起こしていたが、それから五〇年以上が経過した現在、暗号はさらに身近なものとなり、セキュリティが求められるいたるところに存在している。とはいえ、暗号の存在は、それを解読したいという欲望とつねに背中合わせにある。暗号を破ろうという企てがなければ、セキュリティを高めるためにより強度の高い暗号化方式を求めつづける必要などないだろう。ムーニエの思想が普遍性をもつとすれば、暗号を解読したいという人間の根本的な欲望を捉えているからにほかならない。

　そもそも覆いがかかっているとそれをめくって内側を見てみたくなるという人間のあり方は、暗号のみならず人間の営みのさまざまな場面に見られるものであり、フランスの古典学者ピエール・アドの『イシスのヴェール』[*5]は、ヴェールをまとった自然の女神イシスと、そのヴェールを外して自然を探究しようとする人間の知の二五〇〇年に及ぶ歴史を描き出すものであった。アドの著作を読めばわかるように、カバーとカバーを外す《ディスカバー》ことが織りなす思想の物語は驚くほど多面的だが（たとえば、ゲーテは自然に剝ぐべきヴェールなどはじめからないと言う）、少なくとも二〇世紀の哲学や思想においてくりかえし問われてきたのが、ヴェールを外した先に何か真正なものは存在するのか、という問いであったことはまちがいない。ヴェールの先に真の姿があるという発想は、言葉の意味という面で考えれば、解釈を研ぎ澄ましていくことで、いつの日か唯一無二の真正な意味に辿り着くことができるという態度となる。これはいってみれば、現時点でさまざまな解釈が乱立して混乱しているように見えようとも、それらはいずれひとつの正しい意味に収斂していくという大団円《ハッピーエンド》の発想である。この場合、未来へと向かうことは、多様な解釈の可能性を削ぎ落として正解へと向かっていく過程にほかならない。他方で、この真正な意味を、いったん失われたあとに回復されるべきものと捉えたとしても構造的にはほぼ同じことになる。バベルの塔であれ原罪であれ疎外であれ、純粋無垢や統一の状態にあったものが毀損され、やがて回復へと向かっていく神話や物語は数多くあるが、それらにおいては原初の状態と未来のゴールが等号で結ばれており、向かうべき未来はあらかじめ定められている。いわば、失われた過去といまだ到来しない未来の到達目標は時間軸の両端で手を携えており、過去と未来はあたかも循環するかのような様相を呈するのである。もともとの意味にヴェールをかけて第三者から隠匿し、それを外すことで意味の復元をおこなう暗号解読もまた、この循環構造のひとつの変奏であるといえるだろう。[*6]

ここで冒頭の言葉に戻れば、リクールが発した「庭」というイメージは、おそらく暗号やヴェールとは異なった言葉のあり方を指し示すものとして用いられている。失われたものを回復するのでもなく、未来のある一点へと向かうのでもないような解釈のあり方が、「庭」という言葉によって表されているのではないか。そのように考えてみるとき、フランスを代表する庭師ジル・クレマンの言葉は示唆に富む。計画されたかたちに向かって庭を整備するのではなく、できるかぎりそこに生きる生命に逆らわないような庭を、クレマンは「動いている庭」と形容するが、このコンセプトにまず見て取れるのは、理想的な形態（哲学の歴史において「イデア」や「形相」と呼ばれてきたもの）に対する批判だろう。たとえばそれは、「図面」に対するきわめて懐疑的な態度として表れている。

県の整備開発部が土地の図面を届け出るように言ってきたので、私は仕方なく図面を引きましたが、それはあくまで目安にすぎません。動いている庭は絶えずそのかたちを変えるので、図面とは異なってくるのです。〔…〕庭師の役目は、自然の動きについていくこと、つまり各種の植物が庭のなかを移動するのに付き添うことです。庭のかたちはその結果、たえず変わっていきます。図面とはどうしても異なってくると私が言うのはそういう意味です。図面はある時点での状態を示すにすぎません。*7

「谷の庭」と呼ばれる自身の庭の図面を提出するよう行政から求められたときのことを、クレマンはこのように回顧する。「動いている庭」というコンセプトが、あらかじめ定められた完成形へと一直線に向かうのではなく、その時々の生命のあり方に逆らわずに手を入れていくことを旨とする以上、それは固定された図面や設計図とは根本的に相容れない。「谷の庭」でリンゴの木が倒れた際に、通常であれば取り除くところをそのままにしておくことで、結果的に倒れた幹から新しい芽が出てきたというエピソードは、クレマンの手がける庭が図面や設計図とは異なる発想にもとづいていることを明瞭に物語っている。図面に忠実にしたがうのであれば、もし木が倒れてしまった場合、倒木は取り除かれ、新しい木が植えられることになるだろうが、クレマンはそうはしないのである。
もともと、西洋の思想は設計図なるものに多大な価値を見出し、目的論という思考パターンを発展させてきた。この点に関してよく引き合いに出されるのはアリストテレスだが、ここでは建築師と蜜蜂を対比させるマルクス『資本論』の一節を引いておこう。

最悪の建築師でも、もとより最良の蜜蜂にまさるわけは、建築師が蜜房を蠟で築く前に、すでに頭の中にそれを築いているということである。労働過程の終わりには、その初めにすでに労働者の表象としてあり、したがってすでに観念的には存在していた結果が、出てくるのである。彼は自然的なものの形態変化のみを引起こすのではない。彼は自然的なもののうちに、同時に、彼の目的を実現するのである。彼が知っており、法則として彼の行動の仕方を規定し、彼がその意志を従属させねばならない目的を、実現するのである。*8

蜜蜂をこのように貶めることの当否についてはさしあたり問わないでおくとして、何よりも重要なのは、一度作られた設計図が活動を司る法として機能し、それ以後の一切の労働が設計図を現実化することへと振り向けられる点である。つまり、設計図とは向かうべき方向性をひとつに定めるものであり、その方向へと進むときにのみ活動は有意味なものとなる。先に見たように、暗号とはヴェールを取り除いて真正な意味へと向かうものであったが、設計図の現実化において問われているのもそれと同工異曲の構造である。簡潔にいってしまえば、暗号であれ設計図であれ、いずれの場面においても鍵となっているのは「方向」なのである。英語やフランス語では、「方向」と「意味」は同じ単語（sense や sens）で示すことができるが、ここには、あるひとつの「方向」に向かって整序された解釈や活動のみが「意味」をもつということが示唆されている。暗号を解読することができなければ意味はなく、設計図にないものを作ることは向かうべき方向から逸脱した無意味な行為でしかないということだ。これは有用性に結びついたレベルでは当然のことだろう。暗号でやりとりのできないスパイは職務を遂行できない。

しかし、人間の活動のすべてが有用性や有意味性に方向づけられているわけではないのもたしかだ。クレマンの「動いている庭」も、一方向的な意味を問い直し、設計図という目的へと向かうのではない庭のあり方を示すコンセプトだといえる。「動いている庭」は、さまざまな偶発事へと開かれており、リンゴの木が倒れたり、繁殖力が高く侵略的とされるバイカルハナウドがある日いきなり生えてきたりする。けれども、クレマンは庭を予定されていたあるべき姿へと無理に戻すようなことはしない。それゆえ、「動いている庭」はつねにさまざまな方向へと開かれた状態にあるわけだが、こうした庭との関係の背後に、ある種の時間論が存在することをクレマンの言葉は示している。

庭師はつねに生きているものが相手です。この生きているものが時間のなかでどのように移り変わるか、これが庭師には一番大事なことなのです。生命が見せる変化に、創意工夫に、庭師はつねにおもいをめぐらせています。[*9]

たしかに庭は変化に満ちている。一年草や二年草など植物にはそれぞれの生のサイクルがあり、その移り変わりと結びついた時間が庭師にとって重要であることは当然のことだろう。しかし、ここには現代の哲学に通じる重要なポイントが隠れている。クレマンの言葉をもうひとつ引いてみよう。

時間にゆだねることは、風景にチャンスを与えることだ。それは人間の跡を残しながらも、人間から解放されてもいるような風景を生みだすチャンスである。[*10]

重要なのは「ゆだねる」という時間との関わり方である。それは、人間によるコントロールを制限したような時間のあり方だといってもよい。人間が庭に流れる時間をすべて支配し、そこに生きるものを管理するのではなく、別のところから風に乗って運ばれてきたり、鳥の糞のなかに入ってきたりした種が、偶然そこで芽吹くような余白をつねに残しておくのが「ゆだねる」という時間のあり方にほかならない。しかし、注意する必要があるのは、人間がまったく何もしないわけではないということだ。「人間の跡を残しながら」と言われている以上、庭師はまったく庭に働きかけないのではない。にもかかわらず、庭という場の生成変化が人間の制御を超えてしまうということ。これこそクレマンが描き出している事態である。そこでは、人間は対象を俯瞰して支配するような主体の位置にはおらず、庭という場のなかのひとつの行為者となっている。

庭と庭師のこのような関係は、近年よく話題にされる中動態や関係性のネットワークといったかたちで捉えてもよいのかもしれない。しかし、ここでは『動いている庭』のむすびが「続きを待ちながら」と題されていることに目を向けたい。クレマンにおいて「ゆだねる」という時間は、「待つ」という時間にほぼ等しい。できるかぎり庭に息づく植物や動物の力を抑え込まずに手を入れることは、庭が変化するのを待つことなのである。そうして待っているあいだに、思いもかけない種子や動物がやって来ることもあるだろう。待つという行為には、闖入者を迎え入れ、それらが動き回るにまかせることまでが含まれる(クレマンは家の床下に棲みついた蛇にエドゥアルダという名前をつけている)。何が来るかはわからないが、それが到来するスペースだけは絶対になくしてはならない。なぜなら、そうしなければ庭は閉じてしまい、もはや庭は動かなくなってしまうからだ。

リクールが語った「庭」も、このようなクレマンの言葉を手がかりに読み解くと新たな相貌が見えてくる。端的にいえば、庭を欠いた言葉とは、予期せぬ他者の到来を待っていない言葉のことだろう。庭があれば、そこには野良猫やカラスがやって来るかもしれない。動物たちが入り込む隙間があれば、これまでそこにはなかった種子が運ばれてきて、言葉が新たな芽を出すかもしれない。けれども、庭のない凝り固まった言葉は、窓を閉ざした部屋のように、新たな風が吹き込むことがない。それは、私なりの仕方でいえば、言葉が投壜通信たりえていないということだ。「誰でもよいあなた」を待っていない言葉といってもよい。庭のない言葉は、結局のところ誰にとっても同じ意味をもつものでしかなく、ほかならぬ私に宛てられたという思い込みを誘発するような余地を欠いている。「とてもよいですね、けれどそこに庭は？」と告げることで、リクールは弟子の本が庭を欠いていることを指摘しつつ、それと同時にまさに庭付きの言葉を弟子の目の前で投げてみせたのではないだろうか。

すぐには意味が理解できないにもかかわらず記憶の襞に引っかかり、忘れたと思ったころにふと思い出してしまうような言葉には、つねに謎めいたところがある。まさにその謎こそが「誰でもよいあなた」を招き入れる場であり、新たな芽が生えてくる庭である。しかし、いまや庭を欠いた言葉ばかりを浴びるのが日常になっているのかもしれない。難解な思想もわかりやすく嚙み砕いてパッケージ化することが求められる現在、言葉を発酵させ、そこから新たな意味が生成してくるのを待つという時間のかかるプロセスは忌避されがちである。にもかかわらず、情報処理によってはけっして到達しえない言葉の働きがあるとしたら、そのひとつはまちがいなく言葉の熟成なのだ。一度でもそのような言葉の働きを経験し、目の当たりにするならば、それが一切の予測や計算の埒外にあり、かぎりなく豊かで、ときに危険なものであることがわかる。

実際、リクールが投げた言葉は、弟子のもとでしっかりと熟成され発酵していった。私にとってリクールの言葉は、いつのまにかクレマンの「動いている庭」と結びついていたわけだが、直接あの言葉を師から投げかけられたジャン＝リュック・ナンシーは、「庭」をまた別の言葉と結びつけて理解している。それは、ロラン・バルトをして分類不可能な作家と言わしめたジョルジュ・バタイユの印象的な次の言葉である。

言葉だけが、限界で、もはや言葉が通用しなくなる至高の瞬間を明示するのである。*11

ナンシーが「庭」とバタイユの言葉を結びつけて語ったのは、はじめての著作が庭を欠いていると告げられてから三〇年近くが経ったころのインタビューにおいてであった。おそらく、ナンシーはリクールの言葉を何度も反芻し、折にふれて思考をめぐらせ、あるとき箴言にも見えるバタイユのこの一節と結びついたのだろう。バタイユのテクストに戻ってみれば、この言葉のすぐあとには、「だが、語る者は、最終的には自分の非力さを告白する」とつづき、一転して言語を用いることの無力感が漂っている。しかし、それとは反対に、ナンシーはこれを積極的なトーンで理解し、「言語しかない、いいだろう、しかし言語が指し示すのは、言語ならざるもの、事象そのもの、もはや言語が通用しない瞬間だ」[12]と力強く語りなおしている。あたかも、言語を用いて言語の通用しないところへと赴くことこそが喜びであるかのように。

そのようにしてナンシーが語ろうとする「事象そのもの（les choses mêmes）」は、「物そのもの」とも読むことができる。「言語が物そのものを指し示す」と聞くと、日常的な感覚からすれば当然のことのように思えるだろう。犬という言葉が目の前で尻尾を振っている犬を指し示していると考えるのは、日常的な言語感覚としてはいたって普通のことである。だが、言語学や哲学の観点からすればこの感覚はけっしてたしかなものではない。二〇世紀のフランス思想に多大な影響を及ぼしたアレクサンドル・コジェーヴによるヘーゲル読解は、「殺害」という物騒な表現でそのことを示している。

> 「犬」という語は走らず、飲まず、食べない。語のなかで**意味**（**本質**）は生きることをやめる、つまりは死んでしまう。経験的実在の概念的把握が殺害に等しいのはそのためである。[13]

「犬」という言葉は、走ったり食べたりする現実の犬ではない。言語と言語外の現実は異なるという、少し考えてみればこれまた当然のようにも思えることを、コジェーヴは「犬」という語による現実の犬の「殺害」と形容するわけだが、重要なのは、このように現実の犬を否定することではじめて、「犬」という語はスヌーピーもシロもそのうちに含みうる「概念」になるということである。言語外の具体的な現実をありのままには示さないことと引き換えに、言語に一般性が宿るのだ。これこそ概念を扱う哲学の生命線とさえいえるかもしれないが、それにもかかわらず、リクールとバタイユの言葉を受け止めたナンシーは反対の道へと進み、言語に「物そのもの」を指し示す瞬間を取り戻そうとする。どのようにしても一般性をもってしまう言語によって、「物そのもの」という特異なものとの関係を結びなおすこと。いうまでもなく、それは犬という言葉が現実に生きている犬を指しているという素朴な信憑に戻ることではない。そうであれば、特異な「物そのもの」を指し示す言語とはいかなるものなのだろうか。この問いは私のなかに澱のように沈殿しており、ときおり手がかりを摑んだかと思うと、またしても意識の底へと沈んでいくことをくりかえしているが、少なくとも手がかりのひとつとなるのはやはり「庭」だろう。「庭」があらゆる方向へと向かう可能性に開かれた場であるならば、「物そのもの」とは物の庭だといえる。物のうちでけっして固定された意味をもたず、外部からのいかなる意味づけも拒絶する部分。ナンシーが別の論考で「物々の心臓*14」と呼び、ムーニエならば人間に限定して「人格」と呼ぶであろうそうした部分は、もはや明確にひとつの領地として定義して囲い込むことができない。それぞれの物には、そのような開口部が穿たれているのである。したがって、「物そのもの」を指し示す言語は、物の前代未聞の相貌を浮かび上がらせるものでなければならない。ほかでもない私に届いた言葉が、物の新たな相貌を示すという点で、投壜通信はそのような言語形態のひとつなのだ。

しかし、おそらくこれは決定的な答えではない。庭付きの言葉が唯一の答えという考え方から距離を取るものである以上、「物そのもの」を指し示す言語という問いにはつねに新たな芽が出てくる可能性が残りつづける。次に芽吹くのはいつになるだろうか。いまはそのときを待ちながら、クレマンの言葉を最後にもうひとつだけ引いておこう。

創出は生じるままにしておくこと。ある創出に、また別の創出が続いていくから。[*15]

3. 岸辺のアーカイヴ

「ご趣味は何ですか」

最近、久しぶりにこの質問に出くわした。何年も訊かれたことがなかったので、正直なところかなり戸惑い、一瞬言葉に詰まってしまった。小学生のころ、プロ野球の選手名鑑を読むのが好きで、そこに趣味を尋ねる項目があったことを思い出しながら（「愛車」という、いま考えるとなんとも言えない項目もあった）、無難に映画鑑賞や音楽鑑賞や読書と答えるひとが多いのだろうと思いつつも、咄嗟に口をついて出た答えは「テレビドラマを観ること」だった。けっして嘘ではない。毎クールの新作の情報は一応すべてチェックし、朝ドラもほぼ欠かさず観ている。岡田惠和や野木亜紀子の新作を心待ちにし、『泣くな、はらちゃん』についていつか何か書いてみたいとも思っている。けれども、ドラマを観ているときも、どこかで研究と結びつかないだろうかという視線が入り込んできてしまう。たとえば、『あまちゃん』の鈴鹿ひろ美が気持ちよさそうに下手な歌を歌っているところを見ると、音痴を現象学的に考察してみたくなってしまい、『昨夜のカレー、明日のパン』を見直すたびに、死者と食を共にすることについて思いを巡らしてしまうというように。多くの研究者がそうだろうが、趣味と研究のあいだの境界線はいつもぼんやりとしていて定まらない。

けれども、答えは思わぬところに転がっていた。妻によれば、私の趣味は「本を買うこと」だというのである。たしかに言われてみれば、買い物に出たときは必ず駅前の書店で新刊をチェックし、大学に行けば生協の書籍部に寄り、旅行に行くときにまず調べるのはその土地の書店と古本屋、毎日の日課は「日本の古本屋」とお気に入りの古書店のサイトを巡回することとくれば、毎日どこかで本を買うタイミングを探しているようなものだろう。とはいえ、世にいう「書痴」と比べたら私など大したことはないと思うのだが、家のなかで蔵書が生活スペースを侵食するほどまでに膨れ上がっていることはまちがいなく、生活費を差し引いて残った私費のほとんどを書籍購入に投じていることも否定できない。「本を買うこと」という妻の答えのポイントは、「本を読むこと」ではないというところだ。本を買うことは、買った本を読むこととけっしてイコールでは結ばれない。だいたい、いま家にある未読の本をすべて読むだけでも残りの人生では絶対に足らないだろう。それにもかかわらず、今日も私はせっせと新たに本を買い集めている。だから当たり前のことだが、本を最初から最後まですべて読むものだと思っているひとと話すとまったく話が合わない。「いまあるものを読めばいいじゃない」とか、「本は全部読み終わってから次のものを買うべきだよ」などと何度も言われたことがあるが（妻から言われたことはない）、その度に面倒くさいので「はいはい、まあ、でもそういうものではなくてね……」と適当に流してきた。けれども、真面目に答えるなら、すべての本を読むために買うと思っているひとは、結局のところ本を有用なものだと考えているのではないだろうか。もう少し正確に言うと、そのようなひとにとっての本とは、現在の自分の価値観にとって使えるものにすぎず、いまの自分にとっては理解できない本やこれから先の自分にとって価値をもつかもしれない本、自分の手持ちの価値観を破壊する可能性を秘めたような本は買うべきものではないのである。もちろん、時間の経過とともにひとりのひとが何を大事と思うかは変わっていく。そんなことは誰にでもわかるはずなのに、こと本に関してはいま読んで意味のあるものだけを買って所有すべきだ（そして、必要がなくなったら売ればよい）と考えているひとは思いのほか多い。昨今の断捨離ブームなど、私からすると正気の沙汰ではないが、これほどまでに書店にハウツー本や賞味期限の短そうなタイトルが並んでいる現状に鑑みれば、大多数の本は読み捨てられるために存在しているのではないかとさえ思えてくる。いまや多くのひとが本に求めているのは、何らかの目的のために役立つ有益な情報か、暇つぶしになる一時的な楽しみや快楽なのかもしれない。子どもが飽きもせずに何度も同じ絵本を読むように（そういえば、研究者も同じ本を何度もくりかえし読む）、ひとが本に求めるのはたんなる情報ではけっしてないはずなのだが、いつのまにか本は消費しては捨てられていくものになってしまっている。ここにあるのは、現時点の有用性でもってのみ本を捉えるという現在中心主義の発想だろう。いささか大仰な言い方をすれば、長いスパンで人間の思考を変容させるためのメディアだった書物は、もはや思考を駆動させるものではなく、現在を絶対視する近視眼的な態度を慰撫する道具になっているということだ。そこで見落とされるのは、いつか役に立つかもしれない（ということは、役に立たないかもしれない）という可能性にほかならない。社会のあらゆる場面で、実現する保証のない可能性をいつまでも保持しておくことなどできないとばかりに即戦力を重視する態度が蔓延しているが、書物の世界にもそのような傾向は確実に影を落としている。[*1]

ジャック・デリダが鋭い批判の矛先を向けた「現前の形而上学」というのも、その一側面をひらたくいってしまえば、現在の価値観を絶対的な中心に据えることにほかならない。そして、所有とは現在において何かを自由に利用できる状態のことであるからには、デリダの現前＝現在への批判は、必然的に所有に対する批判へと通じていく。現前の形而上学の脱構築とは、所有から抜け出ていくものを探求する試みなのである。にもかかわらず、デリダはある意味では所有に取り憑かれたひとでもあったように思える。生前に一度だけ哲学者本人が出演した映画『デリダ、異境から』は、パリ、トレド、カリフォルニア、デリダの生地アルジェリアのエル・ビアールなど、さまざまな場所がそれと明示されることなくシームレスに流れていく映像が印象的な作品だが、そのなかでパリ郊外リス＝オランジスにあるデリダの自宅も登場する。映画も半ばに差し掛かろうかというタイミングで映し出される屋根裏の書庫（デリダはここを「崇高」と呼ぶ）は、壁一面が本棚に覆われ、床には本や書類が散乱しており、デリダもまた相当な蔵書家であったことをうかがわせる。とはいえ、ここまでならば大学の研究室や作家の書斎などでよく見る光景ともいえるだろう。デリダの異様さが明らかになるのは、自宅の庭に建てられた小屋に話題が移ったところからである。デリダによれば、そこには原稿や博士論文や学生の書いたレポートが保管されているとのことなのだが、あいにく小屋のなかに電気がなく暗いため、カメラはなかに入ることができていない。しかし、かえってデリダの姿越しに広がる小屋の暗闇が底知れぬ紙の山を想像させることとなり、おまけにデリダが発する次の一言はこの哲学者に宿るある種の狂気さえ感じさせる。

要するに、私はほとんど何も捨てないのです。[*2]

デリダは当惑させるような逸話の多い哲学者のひとりである。保存しておく価値などないように思える書類を捨てないだけでなく、図書館の本であっても欄外にメモを取る癖があったり、車の運転中に原稿を書いていたりと、どれもこれも常軌を逸したエピソードが伝えられている。しかし、おそらくこれらすべてはデリダ自身の思想とどこかで結びついてもいる。書籍の欄外へのメモは「余白」や「遺言」と、運転をしながらの執筆は「エクリチュール」や「書き込み」の欲望と関係しているのだとすれば、きわめて抽象的にみえるデリダの思考は、つねに自身の私的な生と切り離せないものだったといえるだろう。ほとんど何も捨てず、あらゆるものを取っておこうとする態度もまた、この哲学者がとりわけ晩年に頻繁に論じた「アーカイヴ」(フランス語では「アルシーヴ」)というテーマと密接に関係している。とある鼎談においてデリダは次のように述べていた。

私は一度郵便物を破壊したことがあります。激しい憎悪を向けてです。粉々にした――でもうまくいきませんでした……。焼いてみた――これもうまくいきませんでした……。破壊するべきではなかったのだけど破壊したのです。そのことを生涯後悔することになりましたが。そのほかのものは――今度はアルシーヴの問題について語ることになりますが――何もなくしてもいないし、破壊してもいません。小さなメモ書きにいたるまでです。学生だったとき、ブルデューでしたかバリバールでしたかが私の部屋のドアのところに「後でまた寄る」という短い伝言を置いていきました……。あるいはブルデューの「あとで電話する」というのもそうですが、いつもそういうものをとっておいています——こうして私は全部もっているのです。とても重要なものから、見たところまったく意味のないものまでです。もちろん、ある日——といっても不死性のためではなく、長生きすることで——それを全部読みかえし、思いだし、そして、こう言ってよければ再び自分のものにする〔再我有化する〕ことができるといつも期待してのことです。それから残酷で苦い経験をすることになりました。いまや、こうした郵便物はすべて私の住んでいるところではないところにアルシーヴ化され、その大部分は分類されているのですが、残念なことにそれらを読みかえすことはもうないからです……。[*3]

この鼎談は二〇〇四年のデリダの死の数ヵ月前におこなわれたものであり、そのような日付を頭に入れて読み返してみると、デリダの言葉の端々に死の影を感じ取ることができる。そして何よりも興味深いのは、そうした状況下で語られたのが、「全部」を所有し、さらにはそれをいつか読み返して記憶のなかに所有しようという欲望だったことだろう。一通の手紙を破棄したことに対する激しい後悔の念が打ち明けられているところからは、この欲望がいかに強烈なものだったかがわかる。それと同時に、哲学的な観点からみれば、手紙やメモをすべて保存しておくという私的な執着を通して、過去のすべてを思い出として保存するヘーゲル的な「内化」へと目配せがなされているともいえる。

ただし、デリダの主眼はあくまでもそうした欲望が挫かれてしまうというところにある。デリダが唯一の例外を除いて保存してきた手紙は、存命中からアーカイヴに移されており、現在ではカリフォルニア大学のアーヴァイン校とフランスのカーンにある現代出版記憶研究所（IMEC）に収蔵されているが、このような自分の住まいから遠い施設に手紙が収蔵され、資料として整理されることは、当然のことながらそれらを読み返すという経験を不可能にする。みずからが長生きしたときに思い出しながら読み返すことを望んでいた手紙は、資料を安全な場所で保管するために遠く離れたアーカイヴのなかに移されることで、つまりデリダ所有の手紙として安全に保管しようとすることで、逆に当人の欲望を挫く結果となる（卑近な例でいえば、思い出の品をトランクルームに預けることで、すぐに見られなくなってしまうといったところだろう）。ここにあるのは、所有を確実にしようとする行為が、所有を不可能にするという逆説である。おまけに、先の引用のすぐ後でデリダ自身が述べていることだが、カリフォルニアは頻繁に地震が起こる場所であるし、アーカイヴといえど安全とはけっしていえない。ひとたび戦火が広がるような状況でも生じれば、アーカイヴは灰となるだろう（「灰」もまたデリダのテーマだった）。それゆえ、絶対に安全なアーカイヴなどなく、何かを所有したいという欲望は、つねに所有物がおのれの手を離れていったり破壊されたりする可能性と背中合わせなのである。

とはいえ、すべてを所有しようという欲望が頓挫する理由はそれだけでない。たとえ手元に所有物があったとしても、所有者がその全体を完全に把握しているわけではないとしたら、自由に利用できるものという意味での所有は挫かれている。ふたたび『デリダ、異境から』の言葉を引いてみよう。

私を必要としないものを蓄積しているのです。私を必要としないものが、私には必要なのです。

デリダが書斎や庭の小屋に溜め込んだ本やレポートは、いつかそれを読み返そうと思っていたとしても、まずまちがいなく物理的に時間が足りない。人間が死すべき存在であるかぎり時間はつねに有限なのだから、読まれうるものとしてかたわらに蓄積されていたとしても、もはやそれらの文書のすべてを読むことはできないだろう。実際、デリダの何十分の一といった程度の量の蔵書しかもっていないであろう私でさえ、現時点で書架に並んだり床に積み上げられたりした本をすべて読むことはできないと感じている。それにそもそも、一冊の本は一回読んでそれで終わりとなるわけではけっしてなく、読み返すたびに新たな相貌が現れるということは、多くの哲学者や作家が幾度となく語ってきたところである。いわば、本とは読みきるということができないものなのだ。それゆえ原理的にいえば、蔵書量の多寡にかかわらず、本はつねにそれを所有しているものの手を離れているのであり、「私を必要としないもの」なのである。

完全に読み終えることができないという本のこの特性は、別の言い方をすれば本には無限の可能性が秘められているということでもある。読み手とのその時々の関係性のなかで、一冊の本はさまざまな姿となって現れる。本書のテーマである投壜通信も、本がこうした可能性をもった存在であればこそ生じる現象だ。けれども、先にも述べたように、現在の本を取り巻く状況は、本からそうした可能性を削り取る方向へと進んでいるようにみえる。一度読んでそれで終わりとなるならば、本はたんなる消費物であり、汲めども尽きぬ可能性を蔵した、完全なる消費につねに抗うものであることをやめる。[*4] 本は人間を必要としないものではなくなり、人間のためにただただ仕えるものとなってしまうのである。

それに対し、ひたすら溜め込まれた本や書類は、人間にとって有用なものであることをやめ、果てしない可能性としてそこに存在している。役に立つかもしれないし、役に立たないかもしれない。それらすべての可能性を秘めて、家の中にも外にも本は溜まっていく。しかし、たいていの場合、可能性は現実化という基準による選別を被っている。現実になるべきものはよい可能性、現実になるべきでないものは悪い可能性というように、暗黙の裡に可能性の選り分けがおこなわれているのである。「子どもには無限の可能性がある」という陳腐な言葉の裏には、よい可能性だけが現実化されるべきという前提が隠れていないだろうか。子どもが未来において現実化しうるありとあらゆる可能性がそこで本当に肯定されているだろうか。おそらくそうではないだろう。社会の既存の価値観に沿った可能性だけを子どもに期待しているとしたら、そのときの可能性とは、「よい」可能性のことなのであり、可能性のなかにいつのまにか価値判断を忍び込ませていることになる。こうした可能性の選別が、ときにきわめて抑圧的で暴力的なものとなりうることはいうまでもない（「こんな子に育てた覚えはない」という言葉が如実にそれを物語っている）。それとは反対に、現実という尺度を度外視した可能性を、哲学者たちは「潜勢的なもの」（ドゥルーズ）や「潜勢力」（アガンベン）と呼んできた。むろん、それぞれの哲学者が練り上げた概念には違いがあり、このように一括りにすることで見落とされてしまう部分も多いが、「ひとつの生が収めるのは潜勢的なものだけだ」[*5]と語るドゥルーズにしろ、「人間は、いかなる同一性や働きによっても尽くされることのない純粋な潜勢力の存在である」[*6]と述べるアガンベンにしろ、現在の視点から整序されたのではない可能性を問うているのはまちがいない。

アガンベンは『書斎の自画像』で、「書斎＝アトリエは、潜勢力――作家にとっては書く潜勢力、画家や彫刻家にとっては描き彫る潜勢力――のイメージである」[*7]とも述べているが、本や書類を集めて捨てないということは、現実に役に立つという狭隘な視野から解き放たれた可能性を存在させることを意味している。端的にいえば、蔵書やアーカイヴとは潜勢力なのである。[*8]

投壜通信は、こうした潜勢力としての蔵書やアーカイヴがなければ起こりえない。言葉が記された本や紙片が残っていればこそ、あらんかぎり時間と空間を隔てたところからであっても言葉は私のもとに漂着することができる。もし『華氏451度』のような、本を焼く話に痛ましいところがあるとするならば、それは投壜通信というコミュニケーションのあり方が危機に瀕しているからだろう。もちろん、口承のように文字に書き残されずに伝わる言葉もあるし、口頭での言葉の伝達において投壜通信が起きないわけではない（何の気なしに授業中に耳にした言葉などが、ずいぶんと時間が経った後で別の意味をもって立ち現れてくるようなことは当然起こる）。けれども、書き記された言葉が転々とさ迷い歩くことに対するプラトンの危惧が逆説的にも示すように、やはり書かれた言葉のほうがより遠くへと届き、思いもよらぬ「あなた」を呼び止めるはずである。アーカイヴがない世界では、こうした遠く隔たったコミュニケーションが著しく困難になってしまう。それゆえ、アーカイヴとは投壜通信の条件ともいえるものなのである。

アーカイヴのない世界があるとしたら、それは岸辺を欠いた世界に等しい。船上から海へと投げ入れられた壜は、いつかどこかの岸辺に流れつくわけだが、もし岸辺そのものがなかったとしたらどうなるだろうか。壜は波間をあてどなく漂いつづけ、多くは海の藻屑と化し、拾い上げられる確率はきわめて低くなるにちがいない。岸辺は、いつか誰かがそれを手に取るまで壜を保存するアーカイヴなのであり、打ち上げられた壜はそこで誰でもよいあなたが現れるのを待っている。個人の蔵書であれ図書館であれ、誰にも把握しきれない潜勢力としてそこに存在する書物は、ある日ふとした瞬間に「あなた」へと届き、壜を拾い上げて手紙を読んだ当人を変化させる。書架から溢れて床に積みあがった本のなかには、いまは届かなくとも、いつの日かまさにこの私へと届く壜があるかもしれない。その可能性を信じることは、私自身の変容を肯定することなのである。だから今日も私は、岸辺のアーカイヴを広げるべく書店へと向かうのだ。

4. 私にとっての赤

「色覚異常の疑い」

小学生のときの健康診断か何かの書類にこのように書かれていた。もちろん、それが何を意味しているのか当時はよくわからなかった。教師から特に何の説明もなかったのだから、「色覚異常」という言葉がどのような事態を指しているのか小学生に見当がつくはずもない。「異常」と書かれているからには、何かひととは異なるところがあるのだろうと思い、後ろの席のクラスメイトに聞いてみたところ、（いまから考えるとほんとうに偶然でしかないのだが）まったく同じように書かれていた。そういうわけで、すぐに仲間が見つかった私にとって「色覚異常」に分類されたことはさして大きな出来事とはならず、「赤と緑が見分けづらいらしい」というどこからか仕入れた知識も、特に日常生活に不便を感じていなかったため重大なこととしては受け止めなかった。

つまずくことがなかったわけではない。図工の時間に赤いビーズだと思って手に取ったものが緑だったように、「赤」と思ったものを、「それ、緑だよ」と訂正されることはしばしばあった。一番困ったのは、学生のころに大学のシンボルカラーである臙脂色と同じ色の生地を買ってくるというお使いを頼まれたときのことだ。臙脂色は、辞書を引けば「濃い紅色」や「黒みがかった紅色」とされているように、赤系統の色のなかでも暗めの色なのだろうが、基本的に赤が暗めに見える私にとっては茶色にしか見えないため、オリジナルに近い臙脂色を自分の目で選ぶことは非常に難しい。仕方がないので、大学のパンフレットの校旗の部分を切り取ってそれを生地屋で見せて買い、なんとかその場を凌ぐことにした。ほかにも、晴れた日の信号機の色が見えにくいこともあるし、クリスマスカラーは基本的にぱっとしない色にしか見えないなど、挙げていけばそれなりの数のつまずきを思い出せるが、もっとも困ったことが臙脂色の生地を買うことくらいなのだから、自分が「色覚異常」だということを日々の生活のなかで意識する機会はあまりなかった。

もちろん、「色覚異常」に分類されることによって、職業選択の自由が奪われたり、不当な差別を受けたりすることは知っていた。小学生の私が受けた検査が「一斉色覚検査」と呼ばれるもので、「日本色覚差別撤廃の会」の活動により私が小学校を卒業してすぐに廃止され、その後また希望者に対しては検査をおこなうといったかたちで復活を遂げていることもいまでは知っている。「色覚異常」とは何よりもまず差別の問題なのである。その事実を軽んじることはできない。しかし、どうしても私にはその問題設定がしっくりこないのだ。私自身が大きなつまずきを経験してこなかったということはもちろん、差別がもっとも顕著に表れる進路選択という場面において、哲学の研究者という白黒の文字を相手にする世界に進んだこともその理由のひとつかもしれない。しかし、最大の理由は、近代において「色盲」という概念がいかに形成されてきたかを研究する馬場靖人が大学院の同じ研究室にいたことだろう。馬場は、みずからの著書『〈色盲〉と近代——十九世紀における色彩秩序の再編成』を次のように位置づけている。

石原表も色覚検査制度もどちらも歴史のなかのある時点で人が作ったものなのだから、それらが作られる前の時代までさかのぼれば、いまとは違う色盲の姿を捉えることができるはずだ。歴史をさかのぼることによって、いま現にそうであるのとは違う状況を想像する可能性を手に入れるとともに、自明となってしまった現状を打破する可能性をも手に入れること、そしていままでとは異なる仕方で色盲について語るための場を創出すること。そのためには、「差別問題」として色盲を語ろうとする言説から距離をとったうえで、色盲を取り巻く言説的構築物を解体する作業をおこなうだけではなく、それを支えてきた「近代」という土台の再吟味までおこなう必要があった。[*1]

石原表というのは、学校での色覚検査のときに提示されるさまざまな色の水玉模様からなるあの検査器具のことだが、これが軍医の石原忍によって徴兵検査のために開発されたものであること、そして戦後も学校一斉色覚検査で使用されることによって、色覚に関する〈正常／異常〉を分類する装置として進路差別などを生み出してきたことなど、こうした事実を私は馬場との交流をとおしてはじめて知っていった。色覚少数派の当事者でありながら、私自身このような歴史をまったく知らずにいたわけだが、何よりも馬場の研究が魅力的に思えたのは、それが差別論から距離を取っているところだった。馬場の著作や論文を読めばわかるように、そこには色覚少数派のことなどほとんど気にもかけない多数派への苛立ちがまちがいなくある。にもかかわらず、私が馬場の研究を追うことで理解したことは、「色盲」とはまさに哲学の問題であり、より正確にいえば言語の問題であるということだった。[*2] 馬場の著作の最終章「色盲者の言葉を取り戻すために」から引用しよう。

本質的に主観的なものである色彩。それにもかかわらず、みなが同じ色彩を見ているという幻想を与えるのは言語（色名）である。人々は色名が恣意的だということを頭のなかではわかっていながら、さまざまな手練手管を用いて恣意性を隠蔽しつづけた。〔…〕

現在の色盲の根本にある問題とは、一斉色覚検査推進派と反対派の対立でも、軍国主義イデオロギーの残存でも、専門家と非専門家との対立でもない。ましてや「差別」の問題でさえない。それらの根底にあるのは、知覚と言語の対立、人による知覚の差異、言語の差異、人間の本質的なディスコミュニケーションであった。問題の根源は、十九世紀を通じて作り上げられた体制が、知覚と言語とは本質的に異なるものであるという単純にして基本的な事実を隠蔽しつづけたことにあった。人はその事実を否認しつづけた。そして潜在的には、いまでも否認しつづけている。*3

知覚と言語のあいだの差異。当事者としてのつまずきを踏まえれば、何よりも考えるべきはこの問題をおいてほかにない。主観的な経験である色の立ち現れは、言葉にされることによって他者へと差し出される。それは、主観的な一回限りの経験を、誰にでも理解可能な一般性をもった言語で表現することといってもよい。そこに埋めようのない隔たりがあることは少し考えてみれば容易に想像がつくだろう。しかし、馬場が強調するように、この隔たりは日常的なコミュニケーションのなかでは隠蔽されてしまっており、あたかも知覚と言語がなめらかにつながっているかのように、人々は「赤」といった色名を何のためらいもなく口にしている。しかし、色覚少数派はここで立ち止まらざるをえない。私のようないわゆる「赤色盲」の人間が「赤」と言ったときに「緑」だと否定される経験は、知覚と言語が一直線でつながっていないことを色覚少数派に痛感させるのである。

しかし、ここで考えなければならないのは、赤が見えないとされている赤色盲者も、「赤」という言葉を用いて色を指すという事実だ（むろん「赤色盲」とされる人々のなかにも程度の差はあるが、ここでは措いておく）。赤が見えない世界に生きているとされながら、それにもかかわらず赤色盲者は「赤」という言葉で何かを指し示している。このことをどう考えるべきか。これこそが馬場の研究から私が受け取った問いだった。

手始めに、サピア＝ウォーフ仮説と呼ばれる、色と言語の関係について必ずといってよいほど参照される議論を見てみたい。簡単にまとめれば、言語とは世界に境界線を引くもので（ということは世界そのものに境界線は存在しない）、その境界線の引かれ方はそれぞれの言語によって異なり、人間の思考のあり方はそのひとが話す言語の世界の切り分け方の影響を被っているという仮説である。それぞれの言語といっても、どこまでが方言でどこからが別の言語なのか、ひとつの言語の単位とはどこまでなのかという難しい問題は当然生じてくる。とはいえ、この仮説は色に関しては大きな説得力をもつようにみえることもたしかだ。なぜなら、日本語の「赤」のようなそれ以上分割できない色名（「青緑」のような複合的なものではない色名）の数は、言語によって相当異なることが知られているからである。日本語や英語が一一の分割できない色名をもつのに対し、二つか三つしか色名をもたない言語もあり、ダニエル・L・エヴェレットの本によって有名になったピダハン語にいたっては色名が存在しないとされる。[*4] 色に関するかぎり、言語によって世界の切り分け方には相当な差異があるということだ。言語が思考にどれほど影響を及ぼすのかという点をめぐっては、現在では認知科学の分野で科学的なデータにもとづいた議論が進んでおり、それによればサピア＝ウォーフ仮説を言語決定論や言語相対主義のような強いかたちでの決定論としてではなく、言語が思考に影響を及ぼすことは認めつつも、その範囲を限定しつつ見定めていくといった方向で議論が進んでいるようである。*5

サピア＝ウォーフ仮説を踏まえたうえで、ここでは異なる言語のあいだの差異ではなく、同じ言語の内部での差異に注目しよう。というのも、多数派色覚者と少数派色覚者のあいだで色名に関するディスコミュニケーションが起きているときに問われているのは、同じ言語を話す者同士の世界の切り分け方のちがいだと考えられるからである。多数派も少数派も、同じ日本語を話していながら、「赤」という色名によって指し示す対象が異なるのだった。つまりそれは、「赤」という名によって切り分ける世界の範囲が多数派と少数派で異なっているということだ。ここにあえてサピア＝ウォーフ仮説の言語相対主義的側面を持ち込むならば、多数派の世界の切り分け方も少数派の世界の切り分け方もどちらも相対的であり、どちらかが正しいということはありえないはずである。しかし、実際には多数派の「赤」が正しく、少数派の「赤」はまちがいだとされてしまう。この場合、正しさとは端的にいって数の問題でしかないのだが、この数による暴力が忘却され、「赤色盲」は「赤が見えない」という否定態として特徴づけられる。ピダハン語の話者数が少ないからといって、ピダハン語の世界の切り分け方がまちがっていると言うひとなどいるだろうか。別の言語とのあいだでは話者数の多寡は問題とならず、むしろ少数言語を守ろうという意識さえもつにもかかわらず、同じ言語の内部では多数派であるか少数派であるかが〈正しい／まちがい〉という区別と相関してしまう。色盲において生じているのは、こうしたひとつの言語の内部における多数派の暴力にほかならない。そしてそのとき、たとえ少数派が「赤」や「緑」という色名を依然として口にしていたとしても、「赤色盲者」とは「赤が見えないひと」で、「緑色盲者」とは「緑が見えないひと」だとされてしまう。いわば、多数派にとって色盲とは、ある色が見えないという否定態であり、ある色を欠いているという欠如態なのである。否定であれ欠如であれ、このような特徴づけは、色盲者が見えないとされる色を見ることのできる「正常」な主体を前提としていることはいうまでもない。色覚を〈正常／異常〉という枠組みで語りつづけるかぎり、色盲者は否定態や欠如態のなかに閉じ込められたままなのである。

だからこそ、赤色盲者が「赤」という色名で何かを指し示しているという単純な事実に立ち戻らなければならない（私自身が赤色盲者のため、以下では赤色盲に関して話を進めるが、緑色盲でも青色盲でも同じことがいえる）。この事実が示しているのは、赤色盲の当事者には「赤」と名指すべき何かが見えているということなのだ。つまり、この事実に立脚すれば、もはや色盲者は見えないという否定態ではありえず、それとはちがったかたちで色覚少数派を捉えることができるようになるのである。もちろん、色盲者に見えているのは多数派色覚者にとっての赤ではない。しかし、たとえば赤色盲者である私が「赤」という言葉で何かを指しているとき、そこには「私にとっての赤」がまちがいなく存在している。それは正確にいえば、私に立ち現れた色彩が「赤」という言葉で言い表されているということだ。色盲者が「赤」という言葉で言い表しているのは、このような「私にとっての赤」なのだが、実際に言葉にされるときには「赤」という語だけになり、「私にとっての」という部分が明示されることはほとんどない。「私には赤に見える」という言葉を少数派があえて述べる機会はきわめて少ないし、たいていの場合そのように言ったところでちがう色名によって訂正されてしまう。かくして、「私にとっての」という部分が見えなくなるがゆえに、「赤」という色名は誰にとっても同じものを指していると考えられてしまい、多数派は少数派の「赤」という言葉を自分たちと同じものを指す言葉だと思い込むという事態が発生する。しかし、多数派がふだん何の違和感もなく用いている「赤」という言葉が指しているのも「多数派にとっての赤」なのであり、「〜にとって」という部分が必ず存在している。そもそも、主観的に感覚された色彩を色名という言葉をとおして表すというプロセスを経るかぎり、色名にはつねに「〜にとって」という部分があるのだ。とはいえ、これほど忘れられがちな事実もない。『目の見えない人は世界をどう見ているのか』などの著作で知られる伊藤亜紗が色覚少数派の画家である黒坂祐へインタビューした際に忘却していたのも、この「〜にとって」ということだろう。

伊藤　いまの見え方的にはどんな感じですか？

黒坂　色覚異常で一番多い型なんですけど、赤みが抜けるというのが、一番分かりやすい症状ですね。

伊藤　気づいたのはいつ頃ですか。

黒坂　小学校3年生くらいのときに健康診断の一環でテストがあって。そのときに保健カードみたいなのに書かれて、両親に見せたら、なんとなく感づいていたようで。

伊藤　なるほど。ご自身にとって当たり前なので説明しにくいと思うんですけど、赤が見えないというのはどういう感じですか。この部屋でこの椅子に一番近い色味のものはどれですか？[*6]

「赤が見えないというのはどういう感じですか」という伊藤の言葉には、「多数派にとって」という暗黙の前提が潜んでいる。この箇所を正確に言うならば、「多数派にとっての赤が見えないというのはどういう感じですか」となるだろうが、このような発言が色盲者を見えないひととして、否定態や欠如態として捉えるものであることはいうまでもない。

多数派色覚者にとって「赤」という言葉は、わざわざ「多数派にとっての赤」とくどく述べる必要などない自明な言葉なのである。伊藤が赤色盲者を「赤が見えない」ひととしてしまうのも、結局のところ「赤」という言葉の自明性を疑っていないからだろう。

このようにあまりに自明であるがゆえに「多数派にとって」という部分は言い落とされるわけだが、少し立ち止まって考えてみれば、「多数派にとっての赤」ということ自体が厳密には成り立ちえないはずなのだ。先にも述べたように、色とは各人の主観に立ち現れる知覚であり、私たちはその知覚経験を「赤」や「緑」といった一般性をもった色名によって他者へと伝えている。いわば、色名とは他者に伝達可能な形式へと主観的経験を加工することなのだが、ここで忘れてはならないのは、主観における質的な経験と色名のあいだには埋めることのできない隔たりがあるということだった。色盲者は、色名を訂正されるといった経験を重ねることによって、知覚と言語のあいだに隔たりがあるということに比較的気づきやすい。それに対し、「赤」といった色名を用いる際にディスコミュニケーションを経験することがないひとにとっては、主観的な知覚と色名のあいだに差異があるということはほとんど意識に上らないだろう。それゆえ、多くの多数派色覚者は、「赤」という色名を用いる際に全員が同じ経験をしていると考えてしまう。そして、「同じ経験」を共有しない少数派を色の見えないひとと特徴づけることになる。

しかし、主観的な経験に関してまず疑わなければならないのは、「全員が同じ経験をしている」というこの信憑なのである。デカルトの『屈折光学』が、牛などの大型動物や死者の眼をとおして眼の見え方を記述しようとしたように、そもそも視覚を見るという試みは多くの哲学者を惹きつけるとともに、そこに多大な困難があることがさまざまなかたちで論じられてきた。カントの純粋統覚もウィトゲンシュタインの『論理哲学論考』における眼のメタファーもバタイユの「松果体の眼」も、すべて視覚そのものを見ることの困難を言い表すものだといってよいだろう。つまりそれは、感覚器官としての眼は鏡に映せば見えるが、鏡に映る眼を見ている視覚を見ることはできないという困難である。視覚を見るために一歩下がった地点に立とうとしても、その地点からも視覚をとおしてしか見ることはできず、視覚というフレームの外に出ることはできない。簡潔にいえば、視覚に対するメタ視覚は存在しないということだ。

けれども、まさにこのメタ視覚の不在こそが、視覚経験を特異なものにしている。一段上の視点に立って、誰かと誰かの視覚を比べることなどできないからこそ、あらゆるひとの視覚は他者の視覚との比較を絶した特異なものとしてある。にもかかわらず私たちのなかには、他のひとも私と同じように見ているだろう、そして全員が同じように見えているだろうという信憑が根強く存在している。このような思い込みが生まれる原因の一端は、おそらく言語がもつ一般性にある。たとえば、あるひとが花を見たときに、その色彩経験を「赤」という言葉で相手に伝えたとしよう。相手もその花を見て、その色彩経験が

「赤」という言葉で言い表せると考えるならば、両者のあいだで齟齬は発生しない。つまり、「赤」という言葉をあいだに挟むことによって、両者の色彩経験は交換可能なものになる。言語の一般性がそれぞれの色彩経験をつなぐ役割を果たしているわけだ。しかし、それはあくまでも言語の次元でのことにすぎない。経験が交換可能にみえるのは、「赤」という言葉が一般性をもち、両者のあいだでそれが共有されているからであって、けっして経験そのものが交換可能になっているわけではないのである。

色彩経験が「〜にとって」という視点をつねにともなう以上、その経験はどこまでも各人に特異なものであり、交換不可能なものでありつづける。したがって、厳密に考えれば「多数派にとっての赤」というものはありえず、存在するのはそれぞれのひとの「私にとっての赤」だけなのだ。[*7]「多数派にとっての赤」というものがあるように思えるとしたら、それは「赤」という言語の次元での一般性を知覚経験の次元に誤って持ち込んでしまっているからにほかならない。

とはいえ、いうまでもなく言語は一般性に尽きるものではない。もし全員に共有される意味を伝えることだけが言語の機能だとしたら、言語とは情報伝達のツールでしかなくなってしまう。しかし、赤色盲者が「赤」という言葉を発し、それが多数派から訂正されるときにあらわになっているのは、多数派が共有する一般性以外の何かを言語が伝えているということだろう。結論を先にいってしまえば、このとき「赤」という言葉は色彩経験の証言になっているのである。これまで見てきたように、色彩経験と言語のあいだにはけっして埋めることのできない隔たりがあり、言語にした瞬間に、私にとっての特異な経験は一般性をもった言語によって裏切られることになる。そうであるにもかかわらず、言語は経験の特異性の証言にもなりうるのだ。むろん、イメージなどを用いて知覚経験を他者に伝えることもできるが、言語もまたそれを証言として捉えるならば、特異な知覚経験を伝えるものとなるのである。言語は、ときには一般性となり、ときには証言となる。言語にこの二重性を認めないとき、言語は多数派の暴力の道具に堕する。色覚多数派によって少数派の言葉が訂正されるということは、一般性としての言語使用が言語の証言としての使用を抹殺することを意味している。

つまり、「赤」という言葉は、その言葉を発したひとの「私にとっての赤」という特異な色彩経験を証言するものとなることができるのである。[*8] しかし、たいていの場合、「赤」という言葉は多数派が共有する一般性に搦めとられ、それが証言として受け取られることはほとんどない。

かつてツェランが述べたように、証人に代わって証言できる者などいないのだから、「私にとっての赤」を証言するのは証人である私しかいない。証人とは交換不可能な経験の特異性を証言するただ一人の存在なのである。赤色盲者は「赤」という言葉を口にすることで、「私にとっての赤」という特異な色彩経験を証言しているのだ。

しかし、それだけではない。証言は、それを証言として受け取るひとを必要とし、求めている。「赤」という言葉が証言として差し出されるとき、その「赤」はそれを証言として受け取る「あなた」を待っているのだ。「赤」という単語ひとつであっても、それが証言として口にされたり書かれたりしたものであるならば、この「赤」はそれを受け取る「あなた」を待つ投壜通信なのである。たとえ訂正されることになろうとも、証言として受け取る「あなた」が現れることを信じて、私は「赤」という言葉を口にしつづける。〈正常／異常〉の分類の外へ出るために、色盲者の色彩経験を肯定するために。

5. 一人の幅で迎えられる言葉

一人の思想は、一人の幅で迎えられることを欲する。不特定多数への語りかけは、すでに思想ではない。

石原吉郎の「一九六三年以後のノートから」の一節である。石原の「ノート」としては、このほかに「一九五六年から一九五八年までのノートから」と「一九五九年から一九六二年までのノートから」という合わせて三つの「ノート」が知られているが、そのうちこの一節を含む「一九六三年以後のノートから」は、それ以前のものに比べてはるかにアフォリズムの色が濃く出ているところに特徴がある。一九六二年までのノートの多くに日付が記されているのに対し、一九六三年以後のノートには一切日付がなく、日々の思索を書きとめたものというよりは謎めいた断片集のような印象を与えるものとなっている。そのようなテクストは、たしかに強く心に残りはするが、いざ解釈しようとすると非常に難しい。下手をすると片言隻句から好き勝手に連想を膨らませるといった事態に陥りかねないだろう。それでもなお、どうにかこの断片をある程度の整合性をもって解釈することはできないだろうか。細見和之はその卓抜な石原論において、石原の詩やエッセイを「投壜通信」になぞらえ、「その固い栓を抜き、折り畳まれた紙を開き、ところどころ滲んだその文字を、私なりに読み解くことを試みたい」[*1]と述べているが、実のところ冒頭の一節は、ほかならぬ石原吉郎そのひとが投壜通信について語ったものと読むことができるだろう。もちろん、細見の言うように、石原のテクスト自体が投壜通信であることはまちがいない。しかし、石原がそのテクストをとおして語ろうとした事柄そのもののひとつが、そう名指されることはないにせよ、まさに投壜通信だったのではないだろうか。投壜通信について語る石原吉郎。この一点に向かって、石原のテクストを読み解き、さらにその先にどのような光景が広がっているのかを見ていきたい。

冒頭の断片の傍らに石原の他の詩やエッセイを置くことからはじめよう。しかし、ともに読むべきテクストを定めることもまたきわめて難しい。なぜなら、この日付のない断片の執筆年代を定めること自体に困難があるからだ。「一九六三年以後のノートから」が初めて収録された『日常への強制』が刊行されたのは、一九七〇年のことである。つまり、このノートに書きつけられた言葉には最大で八年の時間の幅があるわけだが、この八年間は石原吉郎の活動のなかでは相当な長さである。一九六三年は、あの第一詩集『サンチョ・パンサの帰郷』が刊行された年であり、一九七〇年は、いわゆる「シベリア・エッセイ」が書き継がれていた時期にあたっている。いわばノートの断片は、圧倒的な強度をもつ詩集と透徹した論理によるエッセイのはざまにあって、どちらに向かっても呼びかけているかのような位置にあるのだ。実際、ノートの言葉は、石原の詩に印象的な断言にも、エッセイにときおり顔を見せるアフォリズム的調子にも、ある面では通じている。

とはいえ、どちらかといえばやはりエッセイとの距離のほうが近いだろう。「ノート」に登場する「告発」「沈黙」「日常」といったモチーフは、石原がシベリア・エッセイにおいて大きく展開していくテーマにほかならない。ここでは、一連のシベリア・エッセイのなかから「沈黙と失語」（初出一九七〇年）を見ておきたい。シベリアの収容所における「失語」の状態を語った次の箇所はこれまでも多く言及されてきたものだが、あらためて長く引用しておこう。

言葉がむなしいとはどういうことか。言葉がむなしいのではない。言葉の主体がすでにむなしいのである。言葉の主体がむなしいとき、言葉の方が耐えきれずに、主体を離脱する。あるいは、主体をつつむ状況の全体を離脱する。私たちがどんな状況のなかに、どんな状態で立たされているかを知ることには、すでに言葉は無関係であった。私たちはただ、周囲を見まわし、目の前に生起するものを見るだけでたりる。どのような言葉も、それをなぞる以上のことはできないのである。

　あるときかたわらの日本人が、思わず「あさましい」と口走るのを聞いたとき、あやうく私は、「あたりまえのことをいうな」とどなるところであった。あさましい状態を、「あさましい」という言葉がもはや追いきれなくなるとき、言葉は私たちを「見放す」のである。

　このようにして、まず形容詞が私たちの言葉から脱落する。要するに「見たとおり」だからである。目はすでにそれを知っている。言葉がそれを、いまさら追ってもむだである。しかもその目は、すでに「均らされて」いるのである。つづいて代名詞が、徐々に私たちの会話から姿を消す。私たちはすでに数であり、対者を識別する能力をうしないはじめていたからである。ここでは、一人称と二人称はもはや不要であり、そのいずれをも三人称で代表させることができる。すなわち、私たちが確実に人間として「均らされて」行く状態、彼我の識別をうしなって急速に平均化されて行く過程に、それは照応しているのである。*2


　この一節の魅力が「すでに」や「もはや」という副詞のくりかえしにあることは疑いえない。そこには、起こってしまった状況を追認するしかない手遅れの感と、そのような状況へと陥ることに対する主体の徹底的な受動性が刻み込まれている。石原のシベリア抑留体験にとって、「すでに」という時間のあり方はおそらく経験の本質的な部分に触れるものだが、ここでは収容所において「すでに」生じてしまった「失語」という状況の描かれ方のほうに目を向けよう。

石原自身の言葉が副詞を梃子としているのに対し、収容所における状況は「形容詞」と「代名詞」という二つの品詞から特徴づけられている。傍点で強調されていることからわかるように、石原の力点はまちがいなく形容詞のほうにある。ただし、ここで問われているのはどちらがより重要かという価値序列ではなく、論理の順序だろう。石原が述べる形容詞の含意が理解できなければ、つづいて代名詞の話が出てくる理由が理解できなくなってしまう、そういった論理上の前後関係がここにはあると考えられる。

では、石原が語る形容詞とはどのようなものなのだろうか。いうまでもなく形容詞とは、何らかの事物の性質を表す品詞のことだが、ここに〈主観／客観〉という対を加味すると、形容詞という品詞は途端に複雑な様相を呈することとなる。たとえば、「この花は赤い」と言うときの「赤い」は形容詞だが、この「赤い」という言葉によって示される花の性質が、主観的なものか客観的なものかは容易には決定しがたい。実際にその花を見て、多くのひとが「赤い」と思う場合、「赤い」という性質は客観的なものだとみなされるだろう。その花は客観的に赤という性質をもっているのだ、と。しかし、そこにいわゆる赤色盲者がいて、「この花は赤くない、茶色い」と言ったとしたらどうだろうか。「茶色い」という言葉をまちがっていると切り捨てるのは簡単だが、実際に赤色盲者の知覚には「茶色い」と形容すべき性質が立ち現れているはずである。赤色盲者にとって「赤い」という性質は客観的なものではなく、当人にとっては「茶色い」という性質のほうが真なのである。ここからわかるように、「赤い」という性質が客観的だとされるのは、それが多数派の色覚をもつ人々にとってのことにすぎない。つまり、結局のところ形容詞が表す性質が客観的か主観的かを決するのは数なのである。多数派という数によって性質は客観となり、少数派が語る性質は「主観的」というレッテルを貼られるわけだが、原理的に考えれば、多数派色覚者が口にする「赤い」という形容詞も、「私にとってはこの花は赤い」というそのひとの知覚に立ち現れる主観的性質を表しているのであって、けっして客観的性質を言い表しているわけではない。形容詞とは、つねに主観的な性質を証言するものなのであって、もしそこに客観性があるように思えるとしたら、それは数の力によるものでしかないのである。*3

このように考えると、石原が形容詞から代名詞へと話を移していった理由がよくわかるだろう。形容詞が主観的性質を表すということは、形容詞には一人称が必ず伴うということである。しかし、石原によれば、収容所においては一人称に対する世界の立ち現れを表現する必要などまったくない。むしろ、一人称を消すことこそが死活的な重要性を帯びてくるという。なぜなら、「ここではただ数のなかへ埋没し去ることだけが、生きのびる道なのである」[*4]。行進の列からはみ出ることが即座に死を意味するような状況においては、集団のなかに消え去ることだけが生きのびる方法であることは想像に難くない。そのとき、この集団を構成するのは、それぞれが異なる個ではなく、一様に同じものとして均一になった数としての人間である。いわば、相互に交換可能な存在になることが、収容所における極限的な生の条件なのであり、そのような状況下では一人称による表現など何の意味ももたないのだ。そして、これは同時に二人称の不在も意味する。一人称によって発された形容詞は単独的な個に立ち現れる性質を証言するが、証言がつねにそれを証言として聞き届ける「あなた」を必要とする以上、証言としての形容詞は一人称だけでなく二人称の存在も前提としている。それゆえ、一人称が消え去れば、証言が向かう相手である二人称もまた存在しなくなる。「言葉の主体がむなしい」とは、個々の一人称がその主観に立ち現れる性質を証言する必要がなくなった状態であり、それは同時に証言を聞き届ける二人称も存在しない状態なのである。

石原が語る「失語」とは、いかにしても平均化されえない主観的性質の証言の不在であり、それにともなう一人称と二人称の消滅にほかならない。まさに質を示す表現こそが、収容所における生と「人間的」な生を分けるのである。二つの生を分けるこうした分割線は、すでに一九六〇年のエッセイ「こうして始まった」における食への言及にも見て取れる。

人間は徹底的に胃袋と筋肉に還元された。共同の約束をささえる道徳律は食卓のようにひっくり返された。死にたいと思うものは、いつ死んでもよかった。人間性をもちつづけようとする奴は、みんなでよってたかって足蹴にした。一年を経て、バム鉄道沿線の密林地帯から出て来た時、僕らはみんな老人のようにしわが寄り、人間を信じなくなり、生きるためにはなんでも平気でする男になっていた。ボ・チェラベーチェスキ（人間的に）というロシア語が僕らにとって独特の意味をもつようになったのは、その時からである。*5

人間の還元される先が「胃袋」と表現されているところがポイントだろう。「胃袋」であって「舌」ではないのである。収容所において食べることとは、生命維持としてのカロリー摂取なのであって、「舌」で味わうことなど必要ではない。それゆえ、「おいしい」や「まずい」という主観的性質を表す言葉もまた当然のように消え去っていく。味においても言葉においても舌が徹底的に無用のものとなり、消化器官としての胃さえあればよいという状態に追い込まれた生、それが収容所における生なのである。

おいしさ（まずさ）と形容詞がなくなったとき、そこには三人称だけが残ることとなる。

いうまでもなく、カロリーへと還元された食とは三人称的な食であり、熱量として計算された食は、「おいしい」「まずい」という質とは根本的には関係がない。いってみれば、誰にとってもスープ一杯の熱量は同じだが、それがおいしいかどうかは味わう主体によって異なるということだ。カロリーという量は、誰かひとりにとってだけあてはまるようなものではなく、量である以上は計算可能であり誰にとっても妥当する共通の尺度である。私が食べようと、あなたが食べようと、誰が食べようと、同じものを食べていればカロリーは絶対に変化することがない。もはや私とあなたを識別する必要はなく（私があなたにおいしさを伝える必要はなく）、誰でもよい誰かという三人称のみが存在する。カロリー摂取としての食とは、食から一人称と二人称を奪い、食を匿名化することに等しいのだ。[*6]

周知のように、こうした三人称が支配する収容所を経験した石原がもっとも鋭く批判したことこそ、まさに匿名化という事態だった。「確認されない死のなかで——強制収容所における一人の死」（初出一九六九年）冒頭の有名な一節をあらためてここで引用しておきたい。

ジェノサイド（大量殺戮）という言葉は、私にはついに理解できない言葉である。ただ、この言葉のおそろしさだけは実感できる。ジェノサイドのおそろしさは、一時に大量の人間が殺戮されることにあるのではない。そのなかに、ひとりひとりの死がないということが、私にはおそろしいのだ。人間が被害においてついに自立できず、ただ集団であるにすぎないときは、その死においても自立することなく、集団のままであるだろう。死においてただ数であるとき、それは絶望そのものである。人は死において、ひとりひとりその名を呼ばれなければならないものなのだ。[*7]

ジェノサイドにおいて、死は数に還元され、ひとりひとりの死は匿名化される。こうした匿名化に抗う立場として単独者という視点がここでは打ち出されているわけだが、これまで見てきたところから明らかなように、匿名化が問われるのは死においてのみではない。胃袋へと還元された生は、食の匿名化を問うものであったし、形容詞の消滅は言語の匿名化を意味していた。ジェノサイドも胃袋への還元も形容詞の脱落も、すべて匿名の三人称が支配する世界という点でつながっている。冒頭の「ノート」に戻れば、それは「不特定多数」しかない世界だといえよう。そこに欠けているのは、ほかでもない一人称と二人称であり、私とあなたのあいだにおいてのみ生じる関係性である。

とはいえ、言語における一人称と二人称の関係には、つねに三人称が忍び込んできてしまうのも事実だ。私がその主観的性質を証言する形容詞であっても、質の証言と一般的意味はけっして切り離すことができず、一人称と二人称の関係のなかに、三人称が必ず割って入ってくる。たとえば、「おいしい」という形容詞は、私だけがその場でその一回かぎりの味の質を言い表すために発明した言葉ではいささかもない。当然のことながら、「おいしい」という言葉は、いまおいしさを感じている私以外のひとも使うことができ、「食べものの味がよい」という一般化された意味をもっている。ここにあるのは、私がいままさに感じている質を表現するために、誰にとっても通用する言葉を用いなければならないという逆説である。私とあなた以外の者にも通じる言葉を用いざるをえない以上、言葉は二者関係に完全に閉じることはできず、私とあなた以外の誰かへと開かれている。

ここでの人称性は、繊細な思考を要するところだろう。言葉が一般性をもつということは、言葉が私とあなたのあいだでだけ通じるのではなく、私とあなた以外の三人称においても意味をもつということである。三人称においても通じる言葉を私があなたに向かって発するとき、宛先であるあなたをひとりに限定することができないのは当たり前といえば当たり前のことだ。一般性をもった言葉が用いられている以上、私が宛先として意図した特定のあなた以外にも言葉は伝わりうるわけだが、はたしてこの特定のあなた以外を単純に三人称と同一視してもよいのだろうか。特定の二人称以外に言葉が流れつく先は、誰でもよい誰かだけでなく、誰でもよいあなたでもありうるのではないか。二人称を宛先とする言葉は、一般性という言葉に不可避の条件のもとでも、たんなる三人称に回収されえない二人称性を保持することができるはずなのだ。特定の二人称（特定のあなた）と三人称（私と特定のあなた以外の誰でもよい誰か）のあいだに、不定の二人称（誰でもよいあなた）という場がたしかに存在している。

しかし、言葉の宛先としての二人称は、収容所のような極限的な状況でなくとも容易に失われてしまう。石原が「ノート」に書きつけた「不特定多数への語りかけは、すでに思想ではない」という言葉は、収容所における形容詞の消滅だけでなく、二人称への語りかけが失われるさまざまな状態を指しているだろう。*8 そして、特定の二人称であれ、不定の二人称であれ、「あなた」を欠いた言葉がけっして引き起こしえないことこそ、言葉が「一人の幅で迎えられる」ということなのだ。三人称が支配するような言葉においては、意味はつねに誰にとっても同じものであり、その言葉を私だけが引き受けているという感覚は生じえない。いわば、言葉は情報に堕している。それに対し、「あなた」へと宛てられた言葉には、それをほかならぬ私に宛てられたものとして受け取り、「一人の幅」において受け止めるひとが現れる可能性がある。そこにおいてはじめて、情報ではない「思想」が生まれるのだ。石原が打ち出す単独者という視点は、均一化を逃れた「思想」の条件が言葉の単独的な引き受けにあることを明らかにするものだといえよう。そして、「あなた」へと宛てられた言葉をほかの誰でもない私が受け取るというコミュニケーションのあり方こそ、投壜通信というイメージによって語られてきたものにほかならない。石原の「ノート」の一節は、まさに投壜通信について語っているのである。

それにしても、言葉を一人の幅で迎えた者において「思想」が生じるとはどのようなことなのか。岸辺で壜を拾い上げ、私に宛てられた手紙としてそれを引き受けた者は、いかなることへと駆り立てられるのか。これまでのところからわかるように、それは均一化や平均化という三人称の体制の外へ出ることだが、しかしこれだけではあまりに漠然としているだろう。三人称の体制の外ということに関して、ここで私はどうしても石原のある詩を思い出さずにはいられない。最後に、「ノート」の断片の傍らに「馬と暴動」（初出一九六一年）という作品を置いてみよう。以下はその全体である。

われらのうちを
二頭の馬がはしるとき
二頭の間隙を
一頭の馬がはしる
われらが暴動におもむくとき
われらは　その
一頭の馬とともにはしる
われらと暴動におもむくのは
その一頭の馬であって
その両側の

二頭の馬ではない
ゆえにわれらがたちどまるとき
われらをそとへ
かけぬけるのは
その一頭の馬であって
その両側の
二頭の馬ではない
われらのうちを
二人の盗賊がはしるとき
二人の間隙を
一人の盗賊がはしる
われらのうちを
ふたつの空洞がはしるとき
ふたつの間隙を
さらにひとつの空洞がはしる
われらと暴動におもむくのは
その最後の盗賊と

その最後の空洞である[*9]

全行を引用したのは、意味上のまとまりの末尾の展開がきわめて重要だからである。その行だけを抜き出せば、「一頭の馬がはしる」「一頭の馬とともにはしる」「二頭の馬ではない」「二頭の馬ではない」「一人の盗賊がはしる」「さらにひとつの空洞がはしる」「その最後の空洞である」となるが、一見してわかるように、「はしる」という動詞がくりかえされつつ、それこそ走り抜けるようなリズムによって、全体としては「ない」という否定から「ある」という肯定へと転じる鮮烈なイメージが生み出されている。否定形で示されるのが「二頭の馬」であるということも、肯定形で示されるのが「その最後の盗賊」と「その最後の空洞」という「二」の「間隙」を「はしる」ものであるということも解釈を誘うところだろう。

この作品において「二」という数字は、「われらのうち」という内部に固定されたもののイメージである。われらという一人称複数が、私とあなた（たち）、つまり一人称と二人称から構成されるということをここに読み取るとしたら、「馬と暴動」は固定された一人称複数の「そと」へと駆け抜けるものを描き出す作品として読むことができるだろう。「二」が「ではない」というかたちで否定されるのに対し、「二」のあいだから現れる馬や盗賊や空洞には「はしる」という動詞がつねに結びつけられ、「二」を抜け出て、「われら」の「そと」へと走るダイナミックな動きが示されている。そして、「二」の間隙から現れるものが、けっして「三」とは言われないことにも注意しなければならない。一人称と二人称の外にあるのは三人称ではなく、「はしる」という動性においてしか存在しえない何かなのである。それは、「盗賊」や「空洞」という安定した秩序に亀裂を入れるような存在によって表され、何よりも「暴動」を引き起こすものなのだ。「われら」の外にありながら三人称ではないもの、それを不定の二人称とするのは牽強付会にすぎるだろうか。しかし、「われら」の内に閉じることもなく、三人称へと均一化されることもない外部を探る道筋のひとつが、誰でもよいあなたにあることはまちがいないだろう。そこへ向かって、馬が、盗賊が、空洞が走り抜けるとき、私たちの安定した秩序は乱され、まさに「暴動」が起こるのだ。

石原の単独者の思想に対しては、社会や共同体といった集団性に対する視点が欠落しているという批判が何度か向けられてきた。たとえば、芹沢俊介は石原の思考が社会という次元を欠いていると批判し、石原がみずからを冷遇した親族を告発した「肉親へあてた手紙」を「四十半ばの男にしては驚くほどナイーブな無知をさらしている」とこきおろしている。*10 しかし、芹沢が求めるような社会についての問いがないからこそ可能になる思考もあるのではないか。芹沢のような思考では、私たちのあいだを馬が走り抜けることはけっしてない。社会という現実を考えることで起きる暴動はたしかにあるだろう。けれども、暴動は言葉によっても生じるのだ。三人称の支配という収容所の経験を経た石原の言葉は、「あなた」へと宛てられている。それを「一人の幅」で迎え入れるとき、一頭の馬が駆け抜け、「思想」が生まれる。その「思想」は、既存の社会秩序を乱す不穏な「暴動」であるだろう。この「暴動」を肯定することこそ、私が「一人の幅」において石原から受け取った投壜通信にほかならない。

6. 記憶と発酵

「引用箇所が出てこない」

それが私が映画で発した台詞だった。一度だけ映画に出演したことがあるのだ。岸善幸監督の『二重生活』は、哲学科の大学院生である主人公の白石珠（門脇麦）が、修士論文執筆のためにソフィ・カル『本当の話』にもとづいて「理由なき尾行」をはじめたところ、その行為の影響が思わぬところへと波及していくさまを描くサスペンスとも心理劇ともつかぬ独特の作品だが、この作品の舞台が大学院の哲学科だったため、私を含め数人の哲学を研究する院生が飲み会のシーンに駆り出されることになったのである。哲学科の院生がいつもしているような「リアル」な会話を作品のなかに取り入れたいとのことで、撮影では音声を録りつづけたまま実際に院生だけで飲み会をし、場が温まってきたあたりから出演者を交えてお芝居をするという段取りだった。完成した作品を観てみると、大学院に進学したことを悔やむ主人公の友人役の院生（岸井ゆきの）が「こんな議論、なんの役に立つの？」といった台詞を語る背後で、院生たちの会話が断片的に聞こえてくる。そのなかで拾われている私の言葉が「引用箇所が出てこない」だった。

私が在籍していた大学院のゼミでは、ジャック・デリダの『プシュケー』やアラン・バディウの『存在と出来事』など、主に現代フランスの哲学者のテクストを翻訳する課題が多く出されていた。そこで求められていたのは、原文を踏まえてしっかりとした日本語に移すことだけでなく、原文で引用されているテクストの原典に遡り、その引用が正確かどうか、日本語訳がある場合は該当ページがどこかまできちんと調べ上げることだったのだが、何度も課題をくりかえすなかで頻繁にぶつかるのが、引用箇所が見つからないという事態だった。哲学者たちの引用は思いのほかいい加減なのだ。あの飲み会のときに話していたのは、たしかフィリップ・ラクー＝ラバルトが『真なる類似』で引くヘーゲル『美学講義』の該当箇所が見つからないということだったはずである。そもそも、ヘーゲルの『美学講義』は岩波書店版の全集で全九巻と大部であり、学問的にはドイツ語のどの版の原典に依拠すべきか（ホトー版やラッソン版には歪曲がある云々）、さらにはドイツ語をもとにしたフランス語訳はどの版を底本にしているのか……というような非常に込み入った事情があり、そのようなまさに「なんの役に立つの？」といった話をしつつ、結局いくら探しても「引用箇所が出てこない」という言葉を口にしたのだったと思う。おぼろげな記憶ではあるが、たしかそうだったはずだ。

哲学者たちの引用がときに見つからないのは、ほかでもなくこの「おぼろげな記憶」に頼っているからという場合が多い。大学院を出たあと、雑誌や書籍として公刊される翻訳をいくつかおこなうようにもなったのだが、そのたびに見つからない引用箇所が必ずひとつはあり、こうも度重なるとやはりその理由を考えないわけにはいかない。ぼんやりと考えつづけた結果わかってきたのは、引用のいい加減さが記憶と関係しているということだった。もちろんアカデミックな論文の正しい書き方としては、他者のテクストを引用する際にはもう一度原典を参照して書誌情報を含めて正確を期すことが求められるところだろうし、私も大学一年生に向けた「アカデミックリテラシー」のような授業ではそのように説明している。しかし、いわゆるフランス現代思想の哲学者たちのテクストを翻訳していて思うのは、おそらく哲学者たちはときに引用を記憶でおこなっており、そこにはある種の思想的意味さえ含まれているということなのだ。

ひとつ例を挙げよう。私がこれまで主に研究してきた現代フランスの哲学者ジャン＝リュック・ナンシーがデカルトを引用している箇所である。


デカルトでさえこう書いている。「私たちのうちには真理の種子がある。哲学者は理性によってこの種子を取り出し、詩人は想像力によってこの種子をもぎ取る。そのとき、種子はより輝きを放つ」(記憶による暗唱)。[*1]

ここでは、意図的に記憶によって引用がおこなわれている。無粋を承知であえて原典に遡ってみれば、これがデカルトの『思索私記』のなかの一節であること、ナンシーが「真理の種子(semences de vérité)」と述べている箇所は、デカルトのラテン語原文では「学問の種子(semina scientiae)」と表現されており、そのほかにも欠落している部分があることがわかるだろう。[*2]こうしたことは、少し調べればわかることである。ネット上で検索してすぐ判明する類のことではないかもしれないが、いくつか文献にあたれば容易に調べがつくことなのだ。にもかかわらず、なぜ正確さを犠牲にしてまでわざわざ記憶によって引用するのだろうか。

注目したいのが「暗唱」という行為である。どこかでアンソニー・ホプキンスが「毎晩、心の栄養のために詩を暗唱している」と言っていたが、暗唱とはいわば心のなかにいったん言葉をゆだねるようなものだといえよう。フランス語では「暗記している」ことを«par cœur»、すなわち「心(cœur)」を「通って(par)」と言い表すが、心のなかにひとたびゆだねられた言葉は、人間の覚醒した意識の時間を離れ、心の時間のなかに置かれることとなる。文字が発明される以前には、「暗唱」は言葉を保存するために必要不可欠な営みだったが、記憶を外部化する文字という装置が発明されてもなおこの行為が現代まで途絶えることがないのは、「暗唱」が創造性と結びついているからだろう。心へと言葉をゆだねることは、たんなる反復のための手段ではなく、言葉を別のかたちに変容させるための手段なのだ。こうした創造性にとって「ゆだねる」というあり方がいかに重要かは、先にも引いたジル・クレマンの一節が見事に物語っている。[*3]

時間にゆだねることは、風景にチャンスを与えることだ。それは人間の跡を残しながらも、人間から解放されてもいるような風景を生みだすチャンスである。[*4]

庭にあまり手を入れず時間にゆだねることが新たな風景を生み出すように、言葉を心にゆだねることによって言葉が新たなかたちとなるチャンスが生まれる。心のなかで言葉は少しずつ変容し、次に意識に上るときには少しちがったかたちとなって現れてくるかもしれない――「学問の種子」が「真理の種子」となるように。

心を通すことによるこのような変化は、知の正確さという点からみれば誤りを生み出す原因とみなされるにちがいない。けれども、それを端的に誤りとしてしまって本当によいのだろうか。「暗唱」という行為が示しているのは、一方に正誤の判定がつく正確な知の領域があるのに対し、他方にそれと背中合わせのものとして、記憶によって言葉が変容するような領域が存在しているということではないか。そのように考えれば、そもそも両者は異なる次元にある以上、どちらかが本物であるという話にはけっしてならないし、どちらかだけが存在するというような考え方もしてはならないことになる。もし記憶による引用が誤りだとみなされるとしたら、正確な知のほうを基準として記憶に対する判断がなされていることになるが、実のところそこでは比べられないものを比べるというまちがいが起きてしまっている。近所のスーパーで買ってきたインスタントラーメンと、留学先でスーツケースに忍ばせて持参した同じインスタントラーメンを食べることは、栄養素やカロリーなど計測できる知としては同じものを食べていることになるが、体験としては異なる味になるだろう（留学先で食べるチャルメラのおいしさ！）。あるいは、色についてでもよい。波長として計測される色と、私が感じる色の質はまったく異なる次元にあることはいうまでもない。計測と体験が異なるように、そしてそれのどちらかが絶対に正しいということはないように、正確な知と記憶による知を比較することはできないのである。正確さには正確さの真理があるように、記憶には記憶の真理があるのだ。

そこで思い出したいのが、ヘーゲルの『精神現象学』である。意識が「絶対知」に至るまでの壮大な旅路を描くこの本の末尾においては、「記憶《エアインネルング》」（引用する熊野純彦訳では「想起へと内化」と訳されている）が最重要と言っても過言ではない役割を担っている。

精神がそこで完成したと語られるのは、精神がなんであるか、つまり精神の実体をかんぜんに知るところになりたつことがらであるから、この知とは精神がみずからのうちへと立ちかえってゆくことであって、そこで精神はじぶんの現《ダーザイン》にあるありかたを捨てさって、じぶんの形態を想起《エアインネルング》へと内化し、これを委ねる。[*5]

眼前の対象を感覚することから出発した意識が、より高次の段階へと順番に向かい、最終的に「絶対知」に到達するとき、過去のすべては記憶のなかにゆだねられる。ヘーゲルにおいても、記憶へと「委ねる」というあり方が語られていることは注目に値するが、それと同じく重要なのは、ヘーゲルが「闇夜」とも述べるこの記憶が、酒の熟成する樽のようなものとして考えられているところだろう。あたかも樽のなかで寝かせることによって酒ができあがってくるように、精神が記憶にゆだねられることによって、そこからふたたび新たな精神《スピリット》が生まれてくるのである。『精神現象学』の結末に置かれたシラーの詩は、ヘーゲルにとって精神が発泡性のものであることをまさに示している。

この精神の王国の杯から
精神に泡だつは　その無限性[*6]

かつてマラルメはシャンパンの泡立ちをセイレーンが水面に残す泡として語ったが、へ

郵便はがき

料金受取人払郵便

小石川局承認

1100

差出有効期間
令和6年3月
31日まで

112-8731

〈受取人〉
東京都文京区
音羽二—一二—二一
㈱講談社
文芸第一出版部 行

ご購読ありがとうございます。今後の出版企画の参考にさせていただくため、アンケートにご協力いただければ幸いです。

お名前

ご住所

電話番号

このアンケートのお答えを、小社の広告などに用いさせていただく場合がありますが、よろしいでしょうか？　いずれかに○をおつけください。

【 YES　NO　匿名ならYES 】

＊ご記入いただいた個人情報は、上記の目的以外には使用いたしません。

TY 000072-2203

書名

Q1. この本が刊行されたことをなにで知りましたか。できるだけ具体的にお書きください。

Q2. どこで購入されましたか。

1. 書店(具体的に：　　　　　　　　　　　　　　　　　　　　　　　　)

2. ネット書店(具体的に：　　　　　　　　　　　　　　　　　　　　　)

Q3. 購入された動機を教えてください。

1. 好きな著者だった　2. 気になるタイトルだった　3. 好きな装丁だった

4. 気になるテーマだった　5. 売れてそうだった・話題になっていた

6. SNSやwebで知って面白そうだった　7. その他(　　　　　　　　　　　)

Q4. 好きな作家、好きな作品を教えてください。

Q5. 好きなテレビ、ラジオ番組、サイトを教えてください。

■この本のご感想、著者へのメッセージなどをご自由にお書きください。

ご職業　　　性別　　年齢

男・女　10代・20代・30代・40代・50代・60代・70代・80代～

ーゲルにとってのシャンパンとは何よりも発酵が生み出す泡立ちである。泡は液体のなかにあるときにしか見えず、空気にまじりあえばもはや見ることができない。それゆえ、泡は文字どおり泡沫《うたかた》のものであり、マラルメが述べるようにそれは「無」と結びつけられるようなものだった。しかし、シラーの詩句に仮託して語られるのは、むしろそのような無にも等しい泡が新たなものの生成であるということだ。ボトルのなかで酵母が糖分を分解して炭酸ガスが発生するように、この泡立ちが発酵の過程で起こるものであることを踏まえれば、まさにヘーゲルは精神を発酵するものとして語っていることになる。

むろん、絶対知へと至るヘーゲルの体系がきわめて重要でありながら、同時に問題含みでもあることはつとに指摘されてきたところである。多くの哲学者や思想家が論じてきたように、絶対知において完成されたヘーゲルの体系は円環として表象されるような閉じたものであり、その外部へと通じる道がないようにみえることはたしかだ。そうであればこそ、この自己完結的な円環の外部への通路として、たとえばバタイユは絶対知に到達したときになおも現れてくる「非－知」を語り、アドルノは同一性の極限において非同一性が生じると述べたのだった。とはいえ、ヘーゲルがシラーの詩から引き出した精神の泡立ちは、発酵という現象を踏まえれば、ヘーゲル自身の完結した哲学体系を食い破るような力を秘めているともいえるのではないだろうか。

ここ最近、発酵に対する注目が高まっている。『メタファーとしての発酵』をはじめとするサンダー・エリックス・キャッツの一連の著作や小倉ヒラクの『発酵文化人類学――微生物から見た社会のカタチ』、藤原辰史『分解の哲学――腐敗と発酵をめぐる思考』、松岡正剛とドミニク・チェンの共著『謎床――思考が発酵する編集術』など、広義の発酵をテーマにした書籍が次々と出版されている（もちろん、発酵に関する古典ともいうべき小泉武夫『発酵――ミクロの巨人たちの神秘』も忘れてはならない）。これらの本のなかでほぼ必ず説明されるのが、発酵と腐敗は化学的には区別されないということだ。どちらも微生物が作用していることにかわりはなく、その結果として人間にとって有用なものが生まれてくれば発酵であり、有用ではない危険なものが生まれてくれば腐敗となる。小倉ヒラクの言葉を借りれば、「発酵というのは、普遍的かつ唯物論的な概念のようでいて、本質は「人間中心の唯心論的概念」である」[*7]。発酵と腐敗を分ける基準はどこまでも人間にとっての有用性にあるということだ。

微生物が働くという点ではシームレスな発酵と腐敗のこうした関係は、どこか薬と毒の関係に似ている。ギリシア語の「パルマコン」が薬であると同時に毒でもあるという決定不可能性を梃子に、プラトンのエクリチュール論を読みなおしたのはデリダだったが、ここではベンゾジアゼピン依存症について語る松本俊彦の実感のこもった言葉を引いておきたい。

薬学の歴史を紐解くと、改めて痛感することがある。それは、「薬と人間」の関係は同時に「毒と人間」の関係でもあるということだ。ルネサンスの医師にして錬金術師、パラケルススも同じことをいっている。「すべてのものは毒であり、毒でないものなど存在しない。その服用量こそが毒であるのか、そうでないかを決めるのだ」[*8]

醤油であっても大量に飲めば死に至るように、ふつうには食べものと考えられているものも毒になりうる。人間は長い歴史のなかで、こうした薬と毒の境界線をコントロールする技術を発達させてきたわけだが（「扱うのが難しいのは毒との境目が近い薬」と、薬剤師の母がときおり口にしていたのを思い出す）、発酵と腐敗に関してもその境界線が見極められ、人間にとって有用な微生物の作用のみが発酵として選り分けられることで、味噌やヨーグルトやさまざまな酒などの発酵食品が生み出されてきた。しかし、発酵と腐敗を区別する知を手に入れたからといって、人間が発酵のプロセスまでも完全にコントロールできるようになったわけではない。「ぬか床」をメタファーとして人間の認識やインターネットにおけるコミュニケーションのあり方などを捉えなおしているドミニク・チェンが、日々ぬか床を前にして抱いているという問いは、発酵のプロセスがどのようにしても人間の手をすり抜けていくさまを示している。

ぬか床で漬けた野菜は、常に驚きの感覚と共に、問いをもたらす。前の日と比べて酸っぱかったり塩っぱかったりするのはなぜだろう。昨日はしなかった香りがするのはなぜだろう。このような問いが生起する度に、わたしたちは不可視の微生物たちの不断の営為に注意を向けたり、想像したりせざるを得ない。それは、全容を把握することができないばかりか、そもそも把握しようとすることに意味がないほど複雑なネットワークなのだ。*9

いみじくも述べられているように、発酵が人間の予測を超えていくのは、そのプロセスにおいてあまりに多くの要素が相互に作用しあっているからである。たとえば、ある時期までの日本酒造りにおいては「火落ち菌」と呼ばれる雑菌の混入が脅威であったように、数多の微生物が気温や湿度などさまざまな要因のなかで織りなす関係性の網目は、その一部がほんの少し変化しただけで思わぬ結果を生み出してしまう。思えば現代哲学もまた、ネットワークの思考を発達させてきたのだった。ドゥルーズのリゾーム、デリダの差延、近ごろ話題になることの多いアクターネットワーク理論や中動態などは、どれも独立した実体ではなく、関係性のなかに置かれた存在から思考をはじめるための理論装置だといえる。それは、ときには人間と人間の関係であり、ときには人間とモノの関係やモノとモノとの関係であるが、ヘーゲルが語る精神をひとりの人間の精神のあり方とみるならば（本来、ヘーゲル流の「精神」とは個人にのみ関わるものではないが）、精神が泡立つという事態が示しているのは、私たちひとりひとりの精神がすでにネットワークとして存在しているということだろう。

言葉を記憶のなかに寝かせることは、心という酒樽のなかに言葉を置きいれ、心に住まう微生物たちの複雑なネットワークによって発酵が進むのを待つことなのである。そしてその結果、発酵した言葉は少しだけちがったかたちとなって現れるだろう。この変容のプロセスは、私というひとりの人間のなかで進むものでありながら、意識によるコントロールが及ばない領域へと言葉をゆだねることによって生じている。何か新たなものは、私の意識だけではなく、私の心に住む微生物たちとの協働によってはじめて生まれてくるのだ。記憶によって引用をおこなう哲学者たちは、意識しているかはともかく、どこかでこのことをわかっていたのではないだろうか。みずからのうちで進む発酵のプロセスを信じ、心を通すことで泡立ってくる言葉のほうに正確さとは異なる真理があることを知っていたがゆえに、あえて記憶だけで引用をおこなっていたのだ。引用箇所が見つからない経験から、いつしか私はそのように考えるようになっていった。

最後にもうひとつだけ問うてみたい。それは、発酵というメタファーで語られる思考の対極にある知とはいかなるものかという問いだ。それは、正確な知なのだろうか。いま一度ドミニク・チェンの言葉を手がかりにしよう。

わたしたちは自己意識や組織管理といった「制御」型の認識論を大きく見直すことになるだろう。そこから、もっとゆるやかに、無意識や他者による作用に「発酵」を委ねるパラダイムが育っていくかもしれない。*10

発酵という思考のあり方のポイントは、やはり「ゆだねる」というところにある。意識による制御の外部へとゆだねることによって、はじめて言葉は発酵をはじめるが、このときの「ゆだねる」とは、時間にゆだねることであると同時に、関係性のなかにゆだねることでもある。ジル・クレマンの手がける庭が、人間の手を離れた時間のなかにゆだねられることによって、さまざまな生物や微生物との関係性のなかにゆだねられ、そのときにはじめて新たな風景が生まれてくるのと同じことだ。正確な知にもこうした側面はまちがいなくある。先に、ナンシーが引用するデカルトのテクストの出典をいささか執拗に註で示しておいたが、こうした文献学的な知にもまたある種の快楽がともなっている（少なくとも私には感じられる）。それは、芋づる式にテクストが連鎖していくことを辿る快楽だ。周知のように「テクスト」とはもともと「織物」のことだが、それは時間とともにつながっていたはずの糸が切れたり、結び目がほどけたり、ある部分が縺れたりしていくような変容する織物を指している。書かれてすぐには自明だった事柄がときとともに見えなくなり、そこに思わぬ糸が結びつけられて新たなテクストが編まれることもあるだろう。途切れていると思われていた糸が、実はつながっていたとわかることもあるだろう。ひとが何かを書くとは、時間と関係性のなかにゆだねられたテクストという織物に糸を加えることであり、文献学的な作業とは、途切れたりほつれたりしている糸を修繕することだといえよう。テクストは、人間の手によってたえず編みなおされながら、時間と関係性のなかで人間の手を離れて変容していく。文献学のような正確な知と呼ばれるものも、こうした変容するテクストと関わる営みであるかぎり、人間の手を離れた「ゆだねる」というあり方とテクストをとおして関係している。

では、正確な知が必ずしも発酵する知と対立しないとしたら、発酵の対極にあるのはいったい何なのだろうか。そのひとつの答えになりうるのが、『華氏451度』で「不燃性のデータ」と呼ばれているものだろう。本を燃やすというみずからの仕事に疑問を抱きはじめた主人公モンターグに対して、上司のベイティーは次のように諭す。

平和がいちばんなんだ、モンターグ。国民には記憶力コンテストでもあてがっておけばいい。ポップスの歌詞だの、州都の名前だの、アイオワの去年のトウモロコシ収穫量だのをどれだけ憶えているか、競わせておけばいいんだ。不燃性のデータをめいっぱい詰めこんでやれ、もう満腹だと感じるまで〝事実〟をぎっしり詰めこんでやれ。

ただし国民が、自分はなんと輝かしい情報収集能力を持っていることか、と感じるような事実を詰めこむんだ。そうしておけば、みんな、自分の頭で考えているような気になる。動かなくても動いているような感覚が得られる。それでみんなしあわせになれる。なぜかというと、そういうたぐいの事実は変化しないからだ。哲学だの社会学だの、物事を関連づけて考えるような、つかみどころのないものは与えてはならない。*11

「不燃性のデータ」とは、孤立した知識にほかならない。そのような情報をどれだけ集めて頭に詰めこんだところで、それらを関連づけるということがなければ、それはたんなる事実でしかなく、そこに意味が生まれることはない。私がハイデガーの生年を覚えていられるのも、同じ年にヒトラーとウィトゲンシュタインが生まれたということ、その一〇〇年後に私自身が生まれているということとセットだからである。それでも、どうしようもなくつまらない事実を暗記しなければならないとき、ひとは語呂合わせや歌に頼るのだろう。いくやまいまいおやいかさかさ。なぜかいまだに、高校生のときに習った明治期の総理大臣の順番を覚える語呂合わせ(伊藤博文から西園寺公望までの頭文字)がふと頭に浮かぶときがあるのだが、この意味不明な文字列が記憶の底から浮かび上がってくるのもそこに何らかのリズムがあり、関連づけがなされているからにちがいない。語呂合わせも歌も、無味乾燥な事実に何らかの関係性を与えることなのだ。けれども、そうでもしなければ、こうした事実はどこまでも「不燃性のデータ」であって、○×クイズの答えくらいにしか使えない。発酵というプロセスが生み出すような新たな知がそこから生まれてくることはけっしてないのである。それゆえ、発酵の知の対極にあるのは、関係性を欠き孤立した情報だといえるだろう。ベイティーが哲学を危険視するのは、哲学がほかならぬ関係性から意味を作り出していく営みだからである。「なんの役に立つの？」と問うべきは、哲学に対してではない。社会学に対してでも文学に対してでもない。それらが知を醸す営みであるかぎり、そこからは新たな意味が生まれてくる。「なんの役に立つの？」というこの問いは、「不燃性のデータ」にこそ向けられなければならないのだ。

7. 断片と耳

「ブブブブーブブブブー」

本を読んだり原稿を書いたりしていると頻繁に携帯が鳴る。年末調整のリマインダー、学生からの卒論の中間提出、ファカルティ・ディベロップメントのお知らせ、次回の会議の日程調整、学会の事務連絡など、小一時間ほどのあいだにスマホには何通ものメールが届く。家事をしているときやバスや電車に乗っている際にも気づきやすいようにと、妙に鳴動時間の長い着信音とバイブレーションにしているものだから、読み書きのときには気が散って仕方がない。それなら集中モードやおやすみモードにして鳴らないようにすればよいと思われるかもしれないが、だいたい週に数回はすぐに対応しなければならないような事案が舞い込んでくるので、少なくとも平日の日中はそうもいかないのが小さな地方公立大学で働く教員の実情である。深夜から明け方にかけて論文を書いているという同僚や同業者によく出会うが、夜が更けてからのほうが集中できるのはまちがいない。まとまった時間、あるひとつのことに集中する時間をとりたかったら、ほかのひとが寝静まった時間にするしかないのである。

美術史家ジョナサン・クレーリーの『24／7』によれば、現代社会は二四時間週七日営業が常態化した眠らない社会であり、人間の注意が経済的価値となる「注意経済《アテンション・エコノミー》」が資本主義の重要な部分を占めているという。実際、私たち自身の日常をふりかえってみても、SNSや各種のメディアをとおして大量の情報が洪水のように押し寄せるなかで、なにか大事な情報や連絡を見逃しているのではないかと思い、信号や電車を待っているほんの数分のあいだもスマホに視線を落とすのはいまやありふれた光景だろう。モバイル端末によって常時接続された人々は、つねになにかに注意を向けるよう命じられ、ときにはみずから進んで注意を売り渡しているようにさえみえる。疲れたり眠くなったりすれば注意力が落ちるように、もともと人間の注意は有限なものであって、そうであればこそ注意の奪い合いが生じ、どうすれば人間は眠らなくてすむようになるかという驚くべき研究が進められもするのだが（『24／7』冒頭で紹介されている、アメリカ国防総省が進めているミヤマシトドという一週間も眠らない渡り鳥についての研究をぜひ参照していただきたい）、毎日のように届く大量のメールは、必然的に私の貴重な注意を奪っていってしまう。

たしかに、このように考えると、クレーリーの眠らない社会や「注意経済」についての議論は、執筆や翻訳がなかなか進まない私の現状をうまく説明してくれているように思う（ここまで書くあいだにすでにスマホは三回鳴っている）。しかし、もう一歩だけ踏み込んで考えてみると、問題なのは注意を奪われることよりも、注意を切り換えなければならないことのほうなのではないかとも思えてくる。この原稿を書いているときに注意を向けているのは、もちろん文章の内容や流れだが、そこで携帯が鳴ると、原稿に向けられていた注意は来週のインフルエンザの予防接種時の持ち物のほうへと切り換えられてしまう。文字どおり、原稿への注意が切られて、予防接種へと向け換えられるのである。平日の日中に何度も起こっているのは、メールに注意が奪われることだけではなく、注意の切り換えをくりかえさなければならないという事態であり、それはいわば一直線のトラックを原稿完成というゴールに向かってひた走るのではなく、何度も方向転換をくりかえしながらジグザグにゴールへと進んで行くようなものなのだ。そんなことをしていたら疲れるにきまっている。カントが毎日同じ時間に散歩をしていたという有名なエピソードは、規則的な生活を送ることで、不規則に注意が切り換えさせられるのを嫌っていたからではないかとさえ思えてくる。『純粋理性批判』のような大きな仕事をするには、たしかにそのようにしたほうがまちがいなくよいだろう。しかし、不労所得で生計を立てることなど夢のまた夢の身では、大学の学内行政やクソどうでもいい書類作成に追われながら、どうにかこうにか研究や執筆をつづけていくしかない。寸断された時間と集中力のなかで、「スキマ時間を活用しよう」という広告にスキマ時間の注意を奪われながら、ちょっとした時間でさえ有効に活用できないかと語学のリスニングをしたりしてしまう自分が、思ったよりも現代の注意経済や生産至上主義の論理に搦めとられているのも事実だ。

とはいえ、細切れになった時間のなかで、言葉はどうなるのだろう。時間がずたずたに切り刻まれていくにつれて、言葉もまたばらばらになってしまうのだろうか。たしかに、Twitterの一四〇文字の文章は、息の長い思考を難しくし、論拠なしの断言や断定を助長しているように思える。そうした言葉によって人々の感情が煽られ、差別や根拠なきデマが拡散されていくといった社会分析は、「ポストトゥルース」や「ポピュリズム」といった言葉とともによく目にするものだ。実際、Twitterをはじめ短文のソーシャルメディアが論証的な議論に向かないことは、ネット上での「論争」を見れば明らかだろう。しかし、SNSなどなかった時代に小泉純一郎が「自民党をぶっ壊す」といったワンフレーズ政治をすでにおこなっていたように（自民党には本当にぶっ壊れてほしかったが）、短い言葉はいつの時代にもあり、それが人々の感情をさまざまなかたちで動かしてきた。本書のテーマの投壜通信も、壜のなかに入れる手紙である以上、本一冊分の量を入れることなど最初からできないうえ、もともとが難破船から海に投げ入れられるものであるのだから、急いで書かれた短い手紙が本来のかたちだとさえいえよう。それゆえに、ツェランが投壜通信と結びつけたのは詩だったのであり、細見和之は『「投壜通信」の詩人たち』を著したのだった。長短にかなりの差はあれど、詩も短い言葉のひとつのかたちであることはまちがいない。

詩は短い文学的表現の代表ではあるけれども、ここでは詩に限定することなく、広く「断片」や「断章」や「アフォリズム」といった形式も含めて考えてみたい。というのも、哲学を主に研究している身からすると、哲学書のスタイルのひとつに断章形式があり、とりわけ大陸系の現代哲学ではこのスタイル自体に独特な意味上の負荷がかかっているとされるからである。ニーチェの箴言はいうまでもなく、哲学と文学が交差するような場所ではドイツ・ロマン派のフリードリヒ・シュレーゲルやロラン・バルトが断章に新たな光を当てたことはよく知られている。ほかにも、デリダにはアフォリズムとはなにかをアフォリズム形式で問う自己言及的な「不時のアフォリズム」という興味深いテクストがあるが、ここではそのなかからアフォリズムに欠かせない特徴を語っている部分を抜き出しておきたい。

アフォリズムすなわち離反の言説。文の一つひとつ、節《パラグラフ》の一つひとつは分離に捧げられているのであって、ひとが望もうと望むまいと、それ固有の持続の孤独のなかに閉じこもる。相手〔他者〕との遭遇や接触は、つねにチャンスに、すなわち運良くあるいは運悪く落ちるものに委ねられる。そこでは何も絶対に保証されておらず、脈絡も順序も保証されていない。*1

アフォリズムとは、なによりもまず切り離された言葉である。論理を積み上げていく建築術に則った哲学書とは異なり、それぞれの断章が独立したものとして読まれうるアフォリズムは、この語のギリシア語の語源が示すように、区切られて他のものから離れて存在する言葉を意味している。そのような言葉は恣意的な解釈を呼び招くのではないかと問われれば、ニーチェの妹エリーザベトによる『権力への意志』の編集や『超訳　ニーチェの言葉』がまっさきに思い浮かぶところではある。*2 しかし、デリダも述べているように、悪しき可能性へと開かれていなければ、よい可能性に開かれることもない。チャンスとはつねによい方向にも悪い方向にも等しく開かれているものなのだ。むしろ、そのような可能性の善し悪しをあらかじめ制御しないような状態にある言葉こそが、もっともポテンシャルを秘めており、思いもよらぬ解釈が生み出される余白をもっている。

ということは、アフォリズムにとって戻るべき全体は存在しない。「断片」や「断章」と訳される「フラグメント」は、ラテン語に遡ると「砕く」を意味する動詞に行き着くが、いま考えたい「フラグメント」とは、割れた器の破片のようなものではないのである。それは、金継ぎをして復元されるような全体としての器が端からありえないような破片だといってもよい。もし仮に全体があるとしても、そこから離れた一部は、全体とは関係のないコンテクストのなかで輝きを放ち始めるのだ。私はそのような例を思い浮かべるとき、青柳瑞穂が語る「土瓶のフタ」をつい思い出してしまう。名随筆「かけら」では、土瓶の全体からフタの部分だけが切り離されることで、昼間はコマ遊びの道具となり、夜には蒐集したさまざまなフタが親密な鑑賞の対象になったと、子どもの頃の記憶が語られている。

私はひとつひとつ取っては、双の掌であたためたりした。家のくすぶった台所に放ってある土瓶など、私はこころにもとめなかったのに、こうして土瓶をはなれて、フタばかり眺めると、それが全部私自身にぞくするものであるということもてつだって、いかにも親密で、愛すべき存在であることに気づいたのである。私はコマとしてではなしに、この小さなものをよく見ることが出来た。すると、これはこれなりに価値のあることを知ったのだ。もっとも、あくる日になれば、前夜の鑑賞などどこへやら、さっそくおもてに飛び出しては、ぶんぶんいわせたものだった。*3

土瓶のフタは、土瓶の全体から切り離され、「かけら」となってはじめて、全体として存在していたときにはもちえなかった意味——コマであり鑑賞の対象であるという意味——を帯びるようになる。デリダの言葉にしたがうならば、全体から離れたフタは、全体としての土瓶に対して「離反」しているともいえるだろう。湯を沸かしたりする道具としての有用性に背いて、フタそれだけが新たな意味を生み出し始めるのだ。全体という軛から解き放たれたフタは、転々と思いもかけぬところへと転がっていき、予期せぬ意味がそこに生まれるのである。

「かけら」というエッセイの妙味は、古美術の蒐集家でもフランス文学者でもある青柳だけに、土瓶のフタへのこうした気づきが文学へと類比的に広げられていくところにある。もうひとつ引用しよう。

文学についても、これと同じことが言えそうである。「悪の華」は、一つ一つの詩としてではなしに、一つの環として全体的に眺むべき詩集であることは言うまでもなかろうが、たまたま誰れかによって引用されたその中の一篇の詩の、さらにまたその一節は、時によると、私たちのかつて予期しなかったほどの美感を起させることがある。そして、このようにすぐれた一節の堆積から、「悪の華」は成っているのだと思い知る時、この一巻は私たちの想像を絶した存在であることに気づく。もともと断簡として生れたともいうべきモンテーニュの「エッセイ」や、パスカルの「パンセ」、それから、スタンダールの「日記」などは、「断片《フラグマン》」のもつ特殊な美と力を遺憾なく現していると言えよう。[*4]

断片や断章には、全体から切り離されたところでのみ発揮されうる力が秘められている。そうした断片や断章が、どれくらいの長さまでを指すのかはにわかには確定しがたい。完成することなく未完に終わった作品もときに「断片」と呼ばれるのだから、長編小説さえ断片だともいえるだろうし、デリダに戻れば、「一切の記号は一切の所与のコンテクストと袂を分かつことができるし、新しいコンテクストを無限に、絶対に飽和がありえない仕方で生み出すことができる」[*5]と述べる脱構築の思想家にとって、言葉が新たなコンテクストのなかで前代未聞の意味を生み出していくプロセスにおいて、原理的にはその言葉が断片形式であるかは問われない。たしかにそうであるとはいえ、やはり短く区切られて浮遊するアフォリズムや断章が、意味生成の潜勢力を目に見えるかたちで示す表現形式であることはまちがいないだろう。

しかし、なぜ断片は新たな意味を生み出すことができるのか。それは、前後の脈絡から自由な断片が身軽にさまざまな場所へと配置されるからにほかならない。意味は断片それ自体に内在しているのではなく、他の断片との関係のなかから生まれてくるということだ。エイゼンシュテインのモンタージュ理論が示すように、映画におけるひとつのカットの意味は前後のカットとのつながりのなかで容易に変化しうるし、美術館に展示された作品は左右に置かれた作品との関係によって新たな相貌をみせうる。「実体論から関係論へ」とはもはや言い古された現代思想の標語かもしれないが、こと断片に関してはやはり関係性のなかから意味が生み出されるという点をあらためて確認しておく必要はあるだろう。そのような断片が、なにも有名な作家や画家の手になるものである必要がないと示したのが、ほかならぬベンヤミンだった。これまで何度も引用されてきた『パサージュ論』の断片をここでも引いておきたい。

この仕事の方法は文学的モンタージュである。私のほうから語ることはなにもない。ただ見せるだけだ。価値のあるものだけを抜き取るというようなことはいっさいしないし、気のきいた表現を我がものにするようなこともしない。そうではなく、ボロ、くずに――それらの目録を作るのではなく、ただ唯一可能なやり方でそれらに正当な位置を与えたいのだ。つまり、それらを用いるというやり方で。*6

ゴミにしか見えないものであっても、それを「正当な位置」に置けば、新たな意味が生まれてくる。ここから「屑拾い」という有名なベンヤミンのイメージが現れるわけだが、ゴミを拾って然るべき配置のなかに置くのは想像よりもずっと難しい。*7なぜ難しいかといえば、拾い上げ方のいかんによって、ゴミはきらめきを放つ断片になるかもしれないし、ゴミのままに終わってしまうかもしれないにもかかわらず、おそらくそこに一般的な法則がないからだ。岸辺に打ち上げられた壜の適切な拾い方といってもよいが、それはつねに手探りで進めるしかない。私のもとに届いた短い言葉のまわりにどのような関係の網目を張るか。こうすれば新たな可能性が生まれるという絶対的な方法がないなかで、しかしなにかヒントや手がかりはないかと考えると、やはり言葉そのものの性質に立ち返らざるをえない。

本や手紙など書かれた言葉の多くは、白地に黒のインクで書かれており、増えても赤や青など数色が限度だろう。あたりまえのことではあるが、書き言葉の世界とは、ほぼつねに白黒の世界であり、色彩に乏しい世界である（本文がカラフルな文芸誌や哲学書を想像できるだろうか）。ヘーゲルが『法の哲学』で「ミネルヴァの梟は夕暮れに飛び立つ」と言ったことはよく知られていようが、その直前では哲学の色は「灰色」だと述べられており、注釈者たちによれば、これは「一切の理論は灰色で、生の黄金の樹は緑色だ」というゲーテの『ファウスト』に見られる言葉を踏まえているらしい。生き生きとした現実の存在は理論のなかに組み込まれるやいなや、精彩を欠いた灰色に変わるというメフィストフェレスの論理に対し、ヘーゲルはそれを逆転させ、いずれは朽ち果てる現実の存在も、哲学という精神の王国に登録されるならば別の生を得られると「灰色」の理論を言祝ぐ。*8 しかし、本当に哲学は「灰色」であり、言葉は白黒なのだろうか。

藤原辰史『歴史の屑拾い』を読むと、紙に書かれた言葉はたしかに白黒かもしれないが、そこには言葉のトーンとでも呼ぶべきものがあることに気づく。そう直截に述べられてはいないが、『ナチスのキッチン』を書く前、私はあえて語り口や展開などの要素にこだわろうと心に決めていた」[*9]と述べる藤原にとって、歴史の屑拾いとは断片のトーンを聴き取ることなのではないだろうか。実際、赤坂憲雄との往復書簡では、次のようにも言われていた。

史料を読むことは、結局は死者が語りこぼしたものや、語りきれなかったものを、もろとも聞き拾うことであり、だからこそ、読み手の人生もかかっている。そのような態度で史料に向かわないと、AIの書く歴史学に持っていかれるのではないか、いや、歴史学はだんだんと情報処理に変化しつつあるのではないか、と思うのです。[*10]

白黒の文字で書かれていても、そこには言葉のトーンがある。しかし、トーンはそれとしては書かれていないため、読み手が耳を澄まして聴き取るときに、はじめてその姿を現す。ということは、読み手によってその言葉のトーンは異なるのであり、卑近な例でいえば「すごいですね」という一言でさえ、心からの賞賛なのか皮肉なのか、はたまたこれ以上あなたとは深いコミュニケーションをしたくないので適当にこの場をやり過ごしますという態度なのか、文字列からだけでは決めることができない。とりわけ、断片的な短い言葉になればなるほど前後の文脈がないため、トーンはさまざまに変化しうるだろう。とはいえ、たいていの場合、大多数のひとが想定するようなトーンがあり、そこから一般的な「意味」なるものが共有されていくのも事実だ。これはこうとしか読めない。そういうものが溢れかえる世界は「情報処理」には向いているにちがいない。しかし、ときにひとは言葉のなかに特異なトーンを聴き取ってしまう。藤原が「聞き拾う」という絶妙な言葉で言い表しているのも、まさに一般化され通念となった意味に回収されえないトーンを断片のなかに聴き取る態度だといえよう。断片を読み、それが新たな意味を生み出すような関係性のなかに置くには、なによりもまず断片の特異なトーンを聴き取らなければならない。「言葉は思い出すことも書きとめることもできるが、声は消える」[*11]。梯久美子が、島尾ミホとのやりとりを思い返しながらこう述べるように、言葉には声のトーンがあるにもかかわらず、それは話された途端に消えていってしまう。その場に居合わせて聞いていた言葉でさえそうなのだから、みずからが直接耳にしたわけではない言葉や、はじめから文字として書かれた言葉では、声への手がかりはさらに心もとない。にもかかわらず、そうであればこそ、私たちは文字に声を返さなければならないのだ。それも、特異なトーンを。

しかし、当然だが、あらゆる言葉が私宛ての投壜通信となることはなく、すべての言葉に特異なトーンを返せるわけではない[*12]。それぞれのひとにはうまくトーンを聴き取れる言葉と聴き取れない言葉がある。いわば、私たちは日々触れる言葉をつねに篩にかけており、網目を通り抜けて下に落ちていかなかった言葉に応答しているのだが、この篩とはいったいなんなのだろうか。もちろん、意識的に引っかかる言葉を選び、その理由を説明できるときもあるが、なぜこの言葉に反応してしまうのか自分でもよくわからないときもあるだろう——少なくとも私にはある。このよくわからない篩を、いまの私はうまく説明することができない。いや、そもそも、説明してはならないのかもしれない。なぜかふと反応してしまう言葉、深い愛着を覚える言葉の理由を説明できたとしたら、その言葉が私にとってもつ意味や価値は、誰とでも共有できる論理にすでに呑まれてしまっており、そこに私は必要ない。

にもかかわらず、完全な説明が意味をなさないと承知のうえで、ここにひとつの概念を結びつけてみたい。それは、ロラン・バルトが『零度のエクリチュール』で提示した「文体（style）」である。バルトはこの最初の著書において「ラング」「エクリチュール」「文体」という三つの概念を用いて文学を捉えようとしたが、このうち「文体」とは、作家が自由に選択しえない、作家の過去や身体に由来する語り口や語彙を指している。注目したいのは、語り口が身体と結びつけられたうえで、宛先と関係づけられているところだ。

文体はいかに洗練されていようともなにか生々しいものをつねにもっている。文体とは誰に向けられたのでもない形式であり、意志ではなく衝動的な力の所産であり、思考の垂直で孤独な側面のようなものである。[*13]

身体の力から生まれる文体は、きわめて個人的で孤独な領域であり、作家自身が思い通りにできないという点で、意識的な把握とは別の次元に存在している。バルトの「文体」概念は、語り口やトーンが語り手や書き手のコントロール下にないことを見事に浮き彫りにしているが、一点だけ修正を加えなければならない。文体が宛先をもたないとされているところだ。特異なトーンを聴き取る投壜通信の場面から考えるならば、文体はそれがいかに孤独なものであっても、「あなた」という宛先をもちうるのではないだろうか。むしろ、身体から発した不如意な文体こそ、「あなた」を呼び止めるきっかけになっているのではないか。バルトが敬愛する歴史家ミシュレを論じるなかで書きつけた、「人間の身体は、まるごと完全に直接の判断なのだ[*14]」という一節もまた、私たちの篩が身体と関連していることを示唆している。ただし、それは文体を生み出す身体であると同時に、文体を読み取る身体でもあり、より象徴的にいうならば「耳」ということになるだろう。耳とは篩にほかならない。

したがって、岸辺で壜を拾い上げる者に必要なのは、私にしか聴き取れない声を聴き取る耳なのである。この耳をもってさえいれば、細切れにされた時間のなかで拾い上げた断片であっても、おのずと他の言葉へと結びつき、新たな意味が生まれていくことだろう。

8. 誇張せよ、つねに

自転車に乗れる。そのせいで、自転車に乗れなかった頃と同じように自転車に乗れない、ということができない。サドルにまたがってハンドルを握り、両足の踏み込む力を拮抗させながら肩や肘でバランスを調整できるようになったことで自転車は、自力で意味や価値を引き出せる器械――〝乗り物〟へと質が変わってしまった。関係を結べない環境がただ目の前にある、という世界がひとつ失われたのだ。

その言葉が目に飛び込んできたとき、いままでの自分の考えの至らなさが身に沁みた。よく言われるように、一度身体が覚えたら忘れないことがあるのは知っていた。歩く、水に浮く、泳ぐ、そして自転車に乗る――たしかな記憶は残っていなくとも、すべてこれまでの人生のどこかのタイミングでできるようになっている。そして、いまでもできる。忘れていない。けれども、「できる」状態の前に戻るなんて考えたこともなかった。できるようになったのだからそれでよし。その程度にしか考えていなかった私のぼんやりとした頭は、作家の蒜山目賀田の言葉によって弾みがつき、「できない」から「できる」への時間は本当に不可逆なのかと考え始める[*1]。

　蒜山は徹底して「できる」の手前にとどまろうとする作家である。たとえば、二〇一九年に制作された『もちてのほん』を見ると、そこには民家の外壁や木彫りの熊などに「もちて」が付けられた写真が並んでおり、ふつうはそんなものはないはずの場所に「把手」がくっついている。ふだん私たちは、民家の外壁や木彫りの熊に特別な意味を与えてはいない。それらが、敷地を区切る目印（あるいは無断で越えてはならない境界線）やよくある北海道土産以上の意味をもつことはほぼない。だが、通常あるはずのない「把手」が付けられると、何気なく目にしているものがちがった姿を見せるようになり、端的にいえば、それらは意味をまだもっていなかった世界へと合図を送るようになるのである。

　　なんでもない場所、なんともいいようのない場所であっても、
　　持つところがあれば関係できるようになる。

　その場所について語るために使える言葉が

少なくとも少しくらいは、増える。*2

「もちて」や「把手」とは、私が世界と関係を結ぶための文字どおりの「手がかり」である。それがなければ、私にとって世界はつねによそよそしく取り付く島のないものにとどまるため、私はどうにかして世界への手がかりをつかもうとする。雪道を歩くとき、もっとも滑らず歩きやすそうなところへと次の一歩を踏み出すように、私はみずからの行為を「できる」ようにするために、世界とのあいだの関係を可能なかぎりなめらかにしようと努力する。ひとたび手をかけ、関係を結ぶことが「できる」ようになった世界とは、意味をもった世界といってもよいだろう。むろんこれは、おそらく蒜山も念頭に置いているであろうアフォーダンス理論と部分的に重なるような発想ではある。「もちて」が握ることをアフォードするように、アフォーダンス理論は知覚者との関係のなかで環境が実在的にもつ意味を明らかにするが、しかし、私たちになじみ深いものに「もちて」を付ける『もちてのほん』の視線はそれとは異なり、私たちがいつのまにか身につけた「意味づけ」という振る舞いをあえて反復することによって、私たちと世界との関係が「できる」で結ばれる手前へと向けられているように思われてならない。

実際、蒜山の多くの絵には、何ものかとして容易には名指しえない何かが世界との関係を模索するような筆触で描かれているし、何かとして同定できそうなものがそこにあっても、視点の揺らぎがあったり、空間が撓んでいるように思えたり、世界をある一点から把握する主観とは異なるまなざしが感じられる。さしあたりそれを意味の手前にあるまなざしと呼ぶとしても、そのようなまなざしは子どもから見た世界ではけっしてない。たしかに、世界の内に生まれて間もない子どもは、世界とのあいだに意味を生み出せず、歩く、泳ぐ、自転車に乗るといった動作をひとつひとつ習得していく必要がある。しかし、蒜山の作品が示しているのは、そうした動作ができなかった子ども時代へ帰りたいという単純な欲望ではいささかもない。バタイユやリオタールやアガンベンなど、いわゆる現代思想においても「幼年期」をキーワードとする思想家は多いが、たとえばバタイユを取り上げてみても、その議論はたんなる幼年回帰を目指すものではなく、「幼年期」は「大人」の世界を経たうえで現れてくる場として捉えられている。*3 そもそも子どもの無垢さへの回帰を称揚する言説は、未来の希望を子どもに託す言説と相補的であり（その結果、大人が汚した世界を純粋な子どもが救うという陳腐な物語が量産される）、かつて中村文則が「ベビーエンド」*4と呼んだ子どもへの安易な期待は、再生産＝生殖主義にどっぷりと浸かっている。それゆえに、意味の手前を安易に子どもへの回帰と結びつけるような解釈は、少なくとも私にとっては支持しがたい。絵を描くことを「手作りの膜で自分自身を包み、孤立させるための営み」*5と述べる蒜山にとって、意味の手前の世界とは、いったんは意味のなかに深くはまり込んだ「大人」が、なんとかそこから身を引き剝がしてはじめて示される世界だろう。

つまり、蒜山がおこなっているのは、自転車に乗れるようになった人間を、もう一度自転車に乗れなくすることなのである。子どもから大人への発達過程で「できない」から「できる」へと不可逆的に進んだかにみえた過程を、さらに「できる」から「できない」へと進め、その不可逆性を否定する。蒜山の作品にくりかえし触れていくうちに、私のなかに芽生えたのはこうした意味の手前への前進ともいうべき考え方だった。

ただし、これはそう簡単なものではない。言葉に即して考えてみよう。当然のことながら、子どもはずいぶんと年齢を重ねないかぎり、言葉を不自由なく操れるようにはならない。ラテン語の「インファンス」が「話せない」を意味するように、子どもはみずからの息を意味のある言葉に調整することができないのであり、その点で私たちは誰もがはじめは意味の手前に存在していたといえる。しかし、くりかえしになるが、問われるべきは意味を身につけたあとに意味の手前へと一歩を踏み出すことである。試行錯誤の結果、言語を習得し、意味の世界に参入した人間は、自分以外の他者とある程度円滑なコミュニケーションができるようになるが、それはみんなの共有物としての言葉にみずからを疎外しているからだともいえる。言葉はつねに私の誕生に先行しており、私はみんなが使用している言葉の世界に「入る」というかたちでしか言葉との関係を結べず、言葉は私だけの所有物にはけっしてならない。ラカンならばこれを大文字の〈他者〉の経験と呼ぶだろうが、いずれにせよ言語習得とは誰にでも通じる一般的な意味を身につけていく過程なのである。

しかし、ひとはつねに言語の一般性にとどまっているわけではない。宇佐見りんの『かか』は、少数の者にだけ通じる言語のあり方を、その異様な語りをとおして見事に示している。

イッテラッシャイモス。うたうような声がして、しましま模様の毛糸のパジャマに身を包み前髪を少女のようにばっつし切ったかかが立っていました。怪我した素足を冷《ひ》やこい玄関の床にぺたしとくっつして柔こい笑みを赤こい頬いっぱいに浮かべています。かかが昔早朝から仕事に出ていたときのように、うーちゃんは本来であればイッテキマンモス、と答えなくちゃいけんかった。でも答えませんでした。このトンチキな挨拶《あいさつ》はむろん方言でもなければババやジジたちの言葉でもない、かかの造語です。「ありがとさんすん」は「ありがとう」、そいから「まいみーすもーす」は「おやすみなさい」、おまいも知ってるとおり、かかはほかにも似非《えせ》関西弁だか九州弁のような、なまった幼児言葉のような言葉遣いしますが、うーちゃんはそいをひそかに「かか弁」と呼んでいました。おまいは都内の中学校入ってからあんまし使わんくなったし、うーちゃんも家のなかだけとはいえ恥ずかしくって使わんようにしてた時期もあるんけど、結局「おまい」ていうこの二人称ですら「かか弁」なんだから参ったもんですね。[*6]

「おまい」と呼ばれている弟のみっくんに宛てたうーちゃんの語りには、姉弟と母親のあいだでのみ使われる「かか弁」が、そこから距離を取ろうとしているにもかかわらず、地の文に入り込んできている。「かか弁」は幼児言葉と同じものではなく、「死む」や「おっけーぐるぐる」のような言語の習得過程で起こりやすい「まちがい」がそのまま残っているわけではない。[*7] 少なくとも、うーちゃん自身はそのように考えている。もちろん言語の習得過程に関する言語学や音声学の見地から「かか弁」と幼児言葉の近さを見て取ることもできるのかもしれないが、「かか弁」という言い回しが物語るように、やはりこの独特な言葉づかいがかかによって編み出されたものと考えられているところに注目しなければならないだろう。「かか弁」は家族という少数の人間のあいだでのみ通じる「造語」なのである。一般性をもった言語を習得したうえで、そこから離れて家庭内でだけ通用する言葉が発明されているわけだ。

とはいえ、なぜこの異様な「造語」を私たち読者は理解できるのだろうか。物語の冒頭を見てみよう。「そいはするんとうーちゃんの白いゆびのあいだを抜けてゆきました[*8]」という出だしの一文は、まず「そい」が何を指しているのかわからず、ひらがなの連続のなかで「うーちゃん」が固有名詞としてなかなか浮かび上がってこない。しかし、読み進めるうちに「うーちゃん」は固有名詞かつ一人称であり、「そい」は「それ」という指示代名詞であることが徐々に理解できるようになる。同じようにして、「おまい」は「おまえ」からの類推で二人称として、「ありがとさんすん」は「ありがとう」に独特な語尾が付いたものとして意味を把握できるようになっていく（もっとも理解しがたい「まいみーすもーす」は説明がなされている）。つまり、読者は言語の一般的な意味にもとづいて「かか弁」を理解しているのである。

「かか弁」は、誰にでも通じる言語の外へ出る言葉、限られた少人数の「私たち」のあいだでだけ通じる言葉であり、言語がつねに一般性の内部にとどまるわけではないことを示している。しかし、それが読者に読まれるとき、「かか弁」には一般性の網がかけられ、「おまい」は「おまえ」に、「ありがとさんすん」は「ありがとう」というみんなの言葉に翻訳可能なものになってしまう。ここにあるのは、意味の一般性という囲いの外へと向かおうとするときに必ず生じる事態だ。正津勉によれば、かつて鶴見俊輔は「私の辞書」をつくらなければならないと学生に話していたそうだが[*9]、「私の辞書」、さらにいえば「私だけの辞書」や「私たちだけの辞書」は、つねに「みんなにとっての辞書」に搦めとられる運命にある。純粋に私だけの辞書はけっして存在しない。辞書に書かれているのは他の誰かと共有されうる意味であり、辞書はつねに私だけのものではありえず、不特定多数の「誰かの為の辞書[*10]」であらざるをえない。私だけという唯一性は、みんなという一般性につねにすでに汚染されている。

汚染——ここに言語を話す人間の本質を見てもよいのかもしれない。純粋無垢な幼年期や自然に戻ることはできず、不特定多数のための言語の外に出ようにも、その言語を資源にするしかなく、不可避的に外部は内部に汚染されている。

しかしその一方で、ほかのひとと同じ「ふつう」の言葉を話したい、不特定多数のなかにとどまりたいという傾向が人間のなかにあるのもたしかだ。ハイデガーが語った「ひと(das Man)」とは、誰であってもよい大衆のなかにまぎれこみ、言葉が受け売りとクリシェに堕した状態を指すが、ここから抜け出すのは容易ではない。平準化された言葉に身をゆだねるのはときに楽なことであるのだから、内部と外部の汚染関係を問う前に、そもそも人間がいかにして「ふつう」の外へと赴こうとするのかを考える必要があるといわれればそのとおりだろう(これは、人間はいかにして思考し始めるのかという問いにほかならない)。

ハイデガーであれば、死の可能性を意識することが「ひと」からの脱出の契機になると考えるところだが、思想史のなかでくりかえされてきた、ある種の恐怖をきっかけとして人間を突き動かすような思考のあり方は、端的にいって下品であるだけでなく、二一世紀の世界がテロルを中心に動き、社会を絶えず非常事態のなかに置いてきた事実を考えれば、ある意味では「リアル」であったとしても、いまやそれは現状の外へと向かう思考というよりも、非常事態が常態化した世界の内部にとどまる思考だといわざるをえない。そうだとすれば、もはや一般性の外部を希求する哲学や文学は限られた人間にのみ関わるものなのだろうか。

今日の時勢がかういふ書を出すに適してゐるかどうかは知らないが、私はただひたすらに真と美の永久の静けさを求めて、少数の読者と共に、哲学と文学との間の小道をさまよひながら、思索し、感覚し、憧憬することを願つてゐる。[*11]

九鬼周造が『文藝論』の「序」にこのように書いたのは、一九四一年のことだった。これを文字どおりに受け取るならば、戦時下において哲学と文学を必要とするのは、「真と美の永久の静けさ」を求める少数の人々だけということになる（「真と美」であって「善」が欠けているところが重要だろう）。だが、はたしてそれでよいのだろうか。あらためて確認するまでもないが、ロシアによるウクライナ侵攻がつづき、国内では「防衛費」という名の「軍事費」が国会の議論を経ずに大幅に増額される現実を私たちは生きている。そのなかで哲学と文学が永久の静けさだけを求めてよいとは私には思えない。ただし、哲学と文学が即効性のある解決策を提示したり、いわゆる「インフルエンサー」のような数の力をもったりするのは稀であり、数の多さとは異なる力と時間性こそ、投壜通信というモチーフが表しているものだろう。いつ届くかわからず、確実に届くかも定かでないなかで、「あなた」を欲する言葉は、即効性とも量的思考とも明らかに異なっている。

むろん、このような長期的な思考や言語の時間が失われるのは何としても避けなければならないが、現状は九鬼が語るような少数の人々さえ失われかねないものだろう。というのも、意味の一般性の外へと向かうのはいまや哲学や文学の言葉だけではなくなっており、そうした状況のなかでは哲学や文学の余地がますます狭まっているとも考えられるからだ。「軍事費」が「防衛費」といわれ、「自由」と「民主」を掲げた政党が自由でも民主的でもない政治をおこなっているように、政治において言葉の意味が強引に簒奪されつづけている現状をみれば、単純に意味の一般性の外を肯定するわけにはいかない。保守的な家族観をもつ政治家が「女性活躍」を謳い、「女性」という言葉から批判的な力を削いでいるなど、こうした例はいくらでも挙げられようが、いずれにせよこうした意味の強奪においてもっとも重要なのは、言葉の見た目が変化していないことである。「自由」も「民主」も、その外見を変えないまま、辞書に記載された一般的な意味を外れ、利害関心にもとづいた都合のよい意味として占有されてしまっている。

言葉のかたちが変わることのないまま、意味だけをずらしていく。このような戦略は、デリダが「古名の戦略」と呼んだものとある面では似ている。

各概念は、脱構築されるシステムの内に一つ、外に一つ、相似た二つの標記――同一性なき反復――を必然的に受けているのであって、この規則は二重の読解と二重のエクリチュールを産みださなければならない。[12]

すでにある何らかの名や概念を、かたちを変えずに（つまり変形して新語を造ったりせずに）その意味だけをずらす。それが、「古名の戦略」と呼ばれている脱構築の方法である。デリダが語る「エクリチュール」が「書き言葉」という辞書的意味にとどまらず、世界への書き込み全般にまでその意味が拡張されていたように、意味は不動のものではけっしてない。言葉の意味はかたちを変えずして変化しうる——デリダ流の「古名の戦略」が、ポスト・トゥルースと呼ばれる現状と見かけのうえで似ているように思えるのはこの点だ。[13]デリダもこの戦略には、「脱構築されつつあるシステムのなかに居座ったり、さらにはそのシステムのなかへ退行してしまう危険[14]」があると自分自身で言及している。

だが、「古名の戦略」とポスト・トゥルースはある一点において決定的に異なる。それは、意味を所有可能なものと捉えるか否かである。ポスト・トゥルース的状況において、言葉の意味は、ある主体の利害関心から都合よく解釈され、主体によって所有されている。いうまでもなく、あるひとつの言葉に唯一の意味が一対一対応として恣意的に与えられるわけではなく、そのときどきによって都合のよい意味が一般的な意味から外れたところで自分勝手に選ばれるわけだが、どのような場合であっても主体によって意味が簒奪され、所有されていることにかわりはない。それに対し、「古名の戦略」においては、意味が絶対的に所有不可能なものとして捉えられている。脱構築の重要な教えのひとつは、完璧な所有がつねに不可能であるということだ。デリダが倦むことなく語った「他者」や「痕跡」や「差延」はすべて所有に対する批判であり、デリダの影響を受けた後続する哲学者や作家たちにも所有批判というモチーフは共通している。言葉には、それを発した主体によってけっして所有されえない意味の余白があり、「古名の戦略」とはこの余白を解き放つ戦略なのである。[*15]

ただし、意味の簒奪が生じると、このような「古名の戦略」の力はある程度削がれてしまうかもしれない。一般性から外れながらも、主体によって恣意的に所有された意味が言葉に与えられるとき、多くのひとはそれを辞書的な意味として受け取ってしまう。「ひと」は、習慣や惰性から言葉を一般的な意味で解釈し、恣意的な意味の強奪がなされているにもかかわらず、意味の差異に気がつかない（人間とは多かれ少なかれ習慣的な生き物である）。そして、その恣意性に気づいたひとは、「その言葉はそのような意味ではない、本来はこういう意味なのだ」と指摘するだろう。つまり、意味の訂正は意味の一般性を基準になされるということだ（「それは辞書的な意味とは異なっているので誤っている」）。こうして、悪循環が完成する。恣意的に所有された意味と一般的な意味のあいだに閉じ込められ、所有しえない意味への一歩はきわめて踏み出しにくくなり、意味の手前への前進はなかなか生じなくなる。ファクトチェックがつねに嘘がつかれたあとではじまるように、恣意的な意味に対して一般的な意味は遅れを運命づけられている。そのあいだにも、新たな嘘が積み重ねられ、一般的な意味はそのあとを追いつづけざるをえず、悪循環はどこまでも終わらない。

だからこそ、いまもっとも必要なのは意味の手前への前進なのではないか。悪循環から脱出するには、恣意的な意味に対して一般的な意味で切り返すのではなく、誰にも所有されえない意味へと開かれた言葉を投げるべきではないだろうか。デリダはしばしば「誇張(hyperbole)」の必要性を語っていた。そのギリシア語の語源に遡れば「過剰なまでに高く投げること」を意味する「誇張」とは、一般的な意味の限界を超えて言葉を使用することにほかならない。たとえば、晩年のデリダは「来るべき民主主義」を頻繁に語っていたが、まさにそこでの「民主主義」とは、現実の制度や国境に限定されず、限界をたえず超え出てゆく誇張的な名だった。「民主主義を取り戻せ」という昨今の声は、それ自体はまったくもって妥当な批判ではあるが、民主主義がしばしば立憲主義と結びつけられることによって、制度のなかに民主主義の批判力を囲い込む結果となってしまっている。もちろん、立憲主義が不要なわけではない。ただ、「民主主義」という名は、より誇張的でより批判的な力をもちうるはずなのだ。悪循環のなかで失われるのは、意味の手前へと前進するような言葉の誇張的な使用なのである。

ポスト・トゥルース的振る舞いをする輩には、「馬鹿！」でも「嘘つき！」でもよい、そのような言葉を投げかけておけば十分だ。その発言を正す行為にかかりっきりになるのは、やつらの思うつぼである。そんなことに労力を振り向ける時間があるならば、哲学や文学に携わる者は恣意的に簒奪された言葉を誇張的に使うほうに力を傾けるべきだろう。そのような言葉は誰にも所有されえない意味へと差し向けられる。私の思いもよらぬところで、「あなた」が思いもよらぬ解釈をする可能性に満ちた投壜通信は、意味の所有の不可能性を具現化する言葉のひとつである。投壜通信に即効性はないかもしれない。けれども、野戦病院だけで戦争を終わらせることはできないのだ。卑劣な攻撃と野戦病院の閉塞した悪循環の外に出るには、短期的な効果を外れたアナクロニックな言葉がどうしても必要になる。恣意性と一般性の外へと向かって、言葉はつねにあらんかぎり高く投げ上げられなければならない。

9. あてこまない言葉

およそ文芸に携はるもの、その生前に於て江湖の認識を受くるの難きは、古来みな然り。予齢すでに古稀を過ぎたりといへども、今にして之を聞くは、むしろ甚だ早しといふべし。

会津八一『自註鹿鳴集』の「序」に見られる一節である。一九四〇年に全歌集ともいうべき『鹿鳴集』を出した八一は、敗戦をはさんで一三年後の一九五三年、そこにみずからの手で詳細な註を付した『自註鹿鳴集』を出版する。生前最後の単行本となったこの歌集が世に問われた時点で、著者は七三歳。老いと病のなかを押して進められた自註の執筆は、八一の寿命を確実に縮めたといわれている。実際、「天もし仮すに余命を以てせば、再び補訂の筆を執るべし*1」という言葉が物語るように、註を付す筆には死が影を落とし、みずからの「晩年」が強く意識されていた。にもかかわらず、世間の評価を得るには「甚だ早し」と八一は断じる。たしかに、作家や芸術家が存命中には評価されず、死後その名声が高まるという例にはしばしば出会うが、古稀を過ぎてもなお社会的承認を得るには早すぎるとみなす八一の姿勢からは、最長でも一〇〇年ほどの人間の一生とは異なる時間が文芸には流れているという認識が垣間見える。ひらがなの分かち書きで奈良を詠った歌人にとって、みずからの筆先が悠久の歴史とつながっているのはたしかな実感だったにちがいない。

八一にかぎらず、壮大な時間スケールのなかで書かれた書物を読むことは、読書の醍醐味のひとつだろう。たとえば、デリダの『グラマトロジーについて』の冒頭は二〇〇〇年を超える時間のなかでみずからの哲学的企図を語り始める。

ところで、少なく見積もってもここ二〇世紀ほどのあいだ言語という名のもとで語られてきた一切の事柄は、その必然性がかろうじて感じられるにすぎない緩慢な運動によってではあるが、エクリチュールという名のもとに移されはじめ、少なくとも集約されはじめている。[*2]

デリダの有名なエクリチュール論は、最低でも二〇〇〇年以上の思想史を相手取って打ち出されたものだった。いわゆる「大陸哲学」とそこに根差す「現代思想」にしばしばみられるこのような大風呂敷にどこか心を打つところがあるとすれば、それがひとつの時代の終わりを宣告し、新たな時代の始まりを告げているからだろう。とてつもなく大きな過去を相手にしているようでありながら、視線は現在からその先へと向けられており、期待であれ不安であれいかなる情動がそこにつきまとおうとも、閉塞することなき来るべき未来が率直に肯定されている。常識から出発した「等身大」の問題を明瞭・簡潔な学術論文のフォーマットに落とし込む哲学の勢いが強まり（そんな哲学はChatGPTにでもまかせておけばよい）、日常のモヤモヤを手がかりにするような哲学風エッセイが流行と化しつつある現在において、こうした巨視的な視座は時代遅れの過去の遺物にもみえるだろうが、その大風呂敷性にはいまだ考えるべき何かが残されているようにも思われる。

ふつう、このような終末論的ともいえる身振りの起源はヘーゲルに求められることが多い。哲学を「時代の子」と捉えるヘーゲルにとって、哲学とはひとつの時代が傾くときに現れる「ミネルヴァの梟」であると同時に、廣松渉と加藤尚武が述べるように、「嵐に先駆けて飛ぶ海燕」であり、「新しい時代の胎動期」でもあった。[*3] それでは、もし、いま私たちが生きているこの時代が終わりを迎えつつあり、新たな時代の到来の兆しがあるとすれば、時代のとば口で語られるべきはいかなる言葉だろうか。なんとも大げさなこの問いに対して、まずは吉田隼人の歌を引いておこう。

梟の飛びたたむ刻《とき》めざめたり約をやぶりし悔いのさなかに*4

中井英夫『黒衣の短歌史』に収められた「光の函」に言及する歌人自身の言葉にしたがえば、ここには意味を追い求めることから解放された内面の空虚こそが示されていると解釈すべきなのだろう。夕暮れ時に目覚めてしまった後悔、日中の「ふつうの」活動に歩調を合わせられなかった後ろめたさ。その後ろめたさの背後には意味を掘り下げるべき内面もなく、むしろ後ろめたさが示すのはみずからの内面が空虚であることのみなのだ、と。だが、フランス文学や西洋哲学、西田幾多郎ら近代日本の哲学に関する知がいたるところにちりばめられた歌集のなかの一首として読むならば、やはり梟が飛びたつというところにヘーゲル的モチーフを見て取らないわけにはいかない。

ミネルヴァの梟に仮託して語られる哲学とは、ひとつの時代を総括し、その意味を精神によって把握する営みだった。そのようにして、新たな時代が幕を開け、梟は海燕となる。ある意味でそれは、歴史を前へ前へと進める「進歩」の風に乗っている鳥ともいえる。しかし、吉田の歌の視線が、あたかもベンヤミンが描く「歴史の天使」さながらに、過去へと向かっていることに注意したい。きわめて名高い一節だが、ここであらためてベンヤミンの「歴史の概念について」から引用しておこう。

> 「新しい天使《アンゲルス・ノーヴス》」と題されたクレーの絵がある。そこには一人の天使が描かれており、その天使は、彼がじっと見つめているものから、今まさに遠ざかろうとしているかのように見える。彼の目は大きく見開かれており、口はひらいて、翼はひろげられている。歴史の天使はこのように見えるにちがいない。彼はその顔を過去に向けている。われわれには出来事の連鎖と見えるところに、彼はただ一つの破局《カタストロフィー》を見る。その破局は、次から次へと絶え間なく瓦礫を積み重ね、それらの瓦礫を彼の足元に投げる。彼はおそらくそこにしばしとどまり、死者を呼び覚まし、打ち砕かれたものをつなぎ合わせたいと思っているのだろう。しかし、嵐が楽園《パラダイス》のほうから吹きつけ、それが彼の翼にからまっている。そして、そのあまりの強さに、天使はもはや翼を閉じることができない。この嵐は天使を、彼が背中を向けている未来のほうへと、とどめることができないままに押しやってしまう。そのあいだにも、天使の前の瓦礫の山は天に届くばかりに大きくなっている。われわれが進歩と呼んでいるものは、この嵐なのである。*5

過去へと顔を向ける歴史の天使を押し流すほど、「進歩」の嵐は容赦ない。ベンヤミンから八〇年以上の時を隔てた現在、「進歩」という名がそれほどの力をもつか定かではないが、どのような名であるかはともかく、多くの人々をひとつの方向へと駆り立てる力はいつの時代にも存在しているはずだ。海燕となった梟に吹き寄せる風が一方向へと向かうものであるならばそれを拒否し、ベンヤミンとともに、その嵐によって破壊された瓦礫へと視線を注がなければならない。打ち捨てられた断片をつなぎ合わせ、ありえたかもしれない未来を救い出す必要があるだろう。ただひとつの意味に収まる過去も未来も存在しない以上、それは思考の責務である。

だが、それとは反対に、吹きすさぶ風が単一の方向へと整流されていない場合には、ひとが進んで海燕とならないのも事実ではないか。これまでと同じこれからを生きるのは安楽であり、できるならば何が起こるかわからない未来よりもわかりきった過去を向いていたい。ひとつの場所に定住して睡眠と一日二回か三回の食事を惰性のようにくりかえす人間にとって必要な刺激とは、消費者としてアイスクリームのフレーバーを選ぶくらいのものであって、みずからの認識の枠組みをひっくりかえすようなものではけっしてない。コペルニクス的転回など、日々の生活を送るうえでは余計なものでしかないだろう。

しかし、「約」はすでに破られてしまった。そこにいかなる悔いがあろうとも、既存の「約」のなかに安住することはもはやできない。そのような閾に立って吉田の歌は詠まれている。だが、あらためて問えば、その「約」とはいったいいかなるものか。いいかえれば、過ぎ去りゆく時代の言葉とはいかなるものだったのか。私はそれを「あてこんだ言葉」と呼びたい。それゆえ、海燕が歌うのは「あてこまない言葉」だ。

「あてこむ」とは、よい結果を期待することにほかならない。ある言葉を投げて期待したような反応が返ってきたとしたら、いうまでもなく、言葉はよい結果を生み出したことになるが、終わりゆく時代において、言葉に対するポジティヴな反応はきわめてわかりやすい。なぜなら、数量化されているからだ。各種SNSの「いいね」は、みずからが発した言葉に好意的な反応が返ってきたことを数量として明示し、その結果、一部の人々はより多くの「いいね」を求めて、「いいね」を多くもらえそうな言葉を語るようになる。自明の事実ゆえにけっして気にかけられないが、SNSに実装されているのが、「いいね」ボタンであって、「読んだ」ボタンではないということの意味は非常に重い。あなたの言葉を「読んだ」という事実ではなく、あなたの言葉を「いいね」と思ったという感情的承認を量的に交換しあうのがSNSでのコミュニケーションなのだ。*6 SNSの登場によって、承認の数量化が進行したことを忘れてはならない。数という誰の目にも明らかな尺度がそこにあるとき、言葉はあてこまれやすくなる。

現代は、かつてなくみずからの言葉が承認されていると実感《さっかく》しやすい時代なのだろう。しかし、数量化された承認においては、誰からのものであってもひとつのアカウントからの承認は「一いいね」でしかない。ほかでもないこのひとから承認されるのも、匿名の誰かから承認されるのも、数量という観点では重さのちがいはなく、単位としての「一」に還元されるやいなや、「いいね」という承認は交換可能なものとなる。もちろん、特定のあるひとから「いいね」をもらえたという喜びはなくならないはずだが、もしＳＮＳ上の「いいね」の数の多寡に何らか重要性を見出しているとすれば、言葉が数にひれ伏し、数のために言葉を発する状態はすぐそこに迫っている。

もともと「承認」なるものを思想的課題としてはじめて本格的に取り上げたのはヘーゲルだといわれ（厳密にいうとフィヒテのほうが先駆者だが、いまは措いておく）、その承認論の要点は「他者において自分自身であること」、「他者における自己直観」などと言い表されることが多い。この独特な言い回しがいわんとしているのは、細部に目をつむって嚙み砕けば、私はひとりでは存在できず、必ず他者とともにあり、私の存在にとって他者は不可欠であるという思いのほか凡庸な事柄だ。しかし、凡庸であるからといって、問うのをやめてよいわけではけっしてない。ナンシー、ブランショ、アガンベン、エスポジト、リンギスらによる、一九八〇年代から陸続と現れた共同体論は、あたかもヘーゲルというプリズムにさまざまな角度から光を当てたかのように、ヘーゲルの承認論を潜り抜けたところで生まれてきたものだった。それゆえ、あらためていま問いなおしてみなければならない。「他者において自分自身であること」というプリズムは、いま何を映し出しているのか、と。

そのひとつは、まちがいなく「推し」である。ヘーゲルと「推し」――あまりにかけ離れているように思える二つの名だが、ある意味で「推し」なる存在は、「他者において自分自身であること」という難解な言い回しに明瞭な輪郭を与えてくれる。ヘーゲルにおいて、私にとって不可欠な存在として他者を認めることが「承認」と呼ばれていた以上、それはただ単純に他者の存在を事実として「認識」するのではなく、他者を価値ある存在として尊重することを意味していた。それゆえ「推しが尊い」とはよく言ったもので、誰かを「推す」ひとにとって、「推し」は自己の存在に不可欠であり、「推し」と私は一体のもので、けっして切り離せない。「推しにおいて自分自身であること」。推すひとにとって、「推し」なしの自己は存在しないのだろう。このような構造のなかでは、いうまでもなく、「推し」の目にとまるための「あてこんだ言葉」が語られる。それはある程度は仕方がない。何らかの賞を取らんがために、試験に合格するために、審査員の関心に合いそうな言葉を吐くのは人間の性である。しかし、現代においてあてこんだ言葉を発しているのは「推し」当人のほうでもあるかもしれない。

　あらためてヘーゲルに立ち返ってみれば、〈私→他者〉という承認のベクトルは、同時に〈私←他者〉というベクトルでもなければならず、承認はつねに相互承認にならなければならないのだった。私が一方向的に他者を承認しているのではなく、他者のほうも私を承認し、双方がお互いを承認する共同体が生まれるということだが、私のみるかぎり、「推し」を中心とした集団においても、「推す」側が「推し」の反応を期待した言葉を投げるだけでなく、「推し」の側もコミュニティ向けの言葉を投げて好意的な反応を期待しており、見事にヘーゲル的な承認の共同体が完成している。おそらく、こうした事態は「推し」という言葉に限らず、広く見られるものだろう。「ファンあってのプロ野球」でもなんでもよいが、ファンコミュニティに向かって「サービス」する言葉は最近はじまったことではないし、採算が取れなければ活動できず、収入がなければ生活できないのだから、文芸の世界にとっても無関係ではない。しかし、SNSによってポジティヴな反応が数量として可視化される現在、書き手が承認の共同体の内部に向けて言葉を発する傾向は強まっているようにも思える。

しかし、固定客向けの言葉はどこかで頭打ちになるにちがいない。なぜなら、そこには外部が存在しないからだ。オタク文化を超えて一般化した「推し」なる語が示しているのは、自己の存在のために他者を必要としながら、その裏で異質な他者とは出会わずに済ませたいという欲望である。「推す」側もあてこんだ言葉を投げ、「推される」側もあてこんだ言葉を投げる鏡仕掛けの装置のなかに、期待を裏切る他者は存在しない。たとえそれが時代の「約」なのだとしても、少なくとも私は、そのような閉じた空間に言葉を投げたいとは思わない。私が立っているのは、吉田と同じく「約」がすでに破られたところだ。「投壜通信」を標榜する以上、どこまでも遠く、期待の地平を越えて「あてこまない言葉」を投げてみたい。

「推し」に強く光を当てた『ユリイカ』二〇二〇年九月号の特集「女オタクの現在——推しとわたし」のなかで、横田祐美子もまたひとり時代の「約」を破ろうとしていた。「嶽本野ばらとアウグスティヌス——乙女と内に秘められた過剰の美学」と題された横田の論考は、嶽本とアウグスティヌスという時代もジャンルも遠く離れた二人の書き手の告白体の語りのうちに、「好き」を共有するコミュニティとは異なる人間の結びつき方を探っている。

自分以外の誰かと「好き」を共有するつもりもなければ、共有できるとも思っていない。そもそもこのクオリアとしての「好き」を日常言語や学術用語で分節化し、切り刻むことによって、当のそれを毀損しているような気がしてならないのだ。本当に好きなものなんて誰にも悟られたくないし、教えてあげたくはない。簡単に言語化できる時点で本人にとってはそれほど大事なものでもないんじゃないかと意地悪にも思えてくる。そうした気持ちが、好きなものに接しているときの私を、友人や知人といった外部の他者にではなく、自己の内部へと、内なるもうひとりの自己へと、そしてさらなる内奥へと方向づけていく。なぜこれが好きなのか、どこがどのように好きなのか、なぜそれでなければならなかったのか——このような自問を内的に押し進めることで、自分にすら理解しえない秘密やその「好き」の無根拠性が垣間見えてくる。もしも私が自分をオタクと自認できる日が来るとすれば、オタクなるものが「好き」との関係をこのような仕方で取り結ぶときでしかないのだろう。それはつねに「孤独」であり、自己の内なる自己との対話、あるいは好きなものとの自己内対話でしかないようなディアローグによって構成されている。[*7]

好きな対象を共有することもなければ、「好き」を介した共感のコミュニケーションもしない。村上春樹についてブックカフェで語り合うなどもってのほか。「あるある」、「わかりみが深い」といった当世風な共感の言葉すべてを拒絶する。そのような態度で、横田は内面の奥深くへと降り立ってゆく。アウグスティヌスが「私のもっとも内なるところよりさらに内」と述べた神との出会いの場は、「好き」という感情の無根拠さが露わとなる内面の極北なのだ。そこには他人の共感が入り込む余地はいささかもなく、「わかる」という安易な言葉はすべてはねのけられる。「あてこんだ言葉」がけっして届かない領域こそ、私の内奥にほかならない。しかし、誰とも共有しえない内面の奥深くをひたすら突き詰めるとき、逆説的にも「共有するもののなさを共有する連帯」[*8]が生まれると横田は説く。

おそらく、来るべき時代の「あてこまない言葉」が生み出すのも、たんなる「共有」を超えたコミュニケーションになるだろう（それをいまだ「コミュニケーション」と呼べるならばだが）。なぜなら、「あてこまない言葉」は意味の共有を求めないからだ。意味が歪みなく伝わるという日常的な期待は捨て去られている。その代わりに、「あてこまない言葉」が期待しているのは、意味の変容という、言葉の意味が話し手からも受け手からも解放される瞬間である。発話者がひとつの意味を占有することなく、受け手における解釈や意味の揺らぎを積極的に待ち望み、かといってひとつの解釈だけが確固とした不動の地位に就くのも否定する。そのような果てしなき意味の変容を望むのが、海燕の歌なのだ。「あてこまない言葉」において、意味は誰のものでもなく、主体による所有から自由になっている。同じ意味を共同所有する人々はもはやいない。

それゆえ海燕は、「わかる」という理解の言葉に何よりも疑いの目を向ける。みずからの歌がそう簡単には理解されないと思っているがゆえに、海燕は現世的なあらゆる承認を拒むのだ。嶽本野ばらが言うように、「理解なんて必要、ない。歩み寄り、妥協することも必要、ない」[*9]。権威が授ける賞などいらない。数の承認などいらない。誰かに推されたくなどない。みずからの言葉が共感を生むなど、「甚だ早し」と恥ずべきである。

鏡を割って承認の閉域の外へと飛び立ち、海燕は大海原に壜を投げ込む。しかし、なぜそのようなことをするのか。はるか遠くの存在すら定かでない「あなた」を信じて投壜通信がおこなわれるのだとしたら、やはりそこでも何らかの承認が求められているのではないか。いや、ちがう。むしろ、歌うのが楽しいから海燕は歌うのだ。楽しいがゆえに発された言葉こそ、もっとも遠くまで届き、意味の変容を引き起こす。楽しいという意味ではどこまでも自己中心的でありながら内奥から湧き起こる感情が宿るとき、言葉は短期的な「あてこみ」の地平を越えて可能なかぎり遠くまでたどり着く。もしそこで意味の変容が起これば、その受け手は「あなた」と呼ばれるだろう。「あなた」とは、意味が所有から解放されるきっかけなのであって、あらかじめ想定された存在ではないのである。

これまで、「投壜通信」はある種の危機のイメージとともに語られてきた。もともとが難破船から海へと壜に入った手紙を投げる行為であるし、ツェランの有名なブレーメン文学賞受賞講演にしても、「もろもろの喪失のなかで、ただ「言葉」だけが、手に届くもの、身近なもの、失われていないものとして残りました[*10]」という悲痛なトーンのもとで「投壜通信」が語られている。しかし、「投壜通信」に結びつく感情や情動は「楽しい」でもありうるのではないだろうか。むろん、「投壜通信」のイメージと結びついてきたホロコーストなどの記憶を忘れるわけではないし、けっして忘れてはならない。だが、言葉をあらんかぎり遠くまで投げ、その果てで意味の変容が起こることを「投壜通信」と呼ぶならば、それは楽しい行為であってもよいはずなのだ。言葉を発するという行為は、根本的には快楽である。もし快楽でなくなっているとしたら、その快楽を取り戻さなければならない。あらゆる承認の回路から離れて内奥の楽しさにのみ忠実になるとき、「約」は破られ、海燕は歌い、「あてこまない言葉」が現れるだろう。

10. 「あなた」とともに

人形や靴、車や鞄、服や本、机に箪笥。それらは単純な名詞ではなかった。そこにあるのは、時間からもぎ取られた人の過去の断片だった。

意味は隔たりや距離によって生み出される。石沢麻依『貝に続く場所にて』がさまざまなかたちで示しているのは、この意味と距離の特異な相関であるように思えてならない。コロナ禍のゲッティンゲンに暮らす語り手のもとに、東日本大震災で行方不明になった知人の野宮が訪ねてくるところからはじまる物語には、そこかしこに距離についての深い省察が書き込まれている。

しかし、言葉と感覚の距離感は、私の中でも渦巻いている。「戦争」「空襲」「噴火」

などの言葉に対して、私は感覚を伴うイメージがあるわけではない。「津波」にしても私は感情的にこの言葉と結びついている気がするだけで、実際のところ画面越しにしか見ていない。私がその言葉に感情を添える時、その言葉を身に刻んで暮らし、そしてあの水の壁を目の当たりにした人にとっては、感傷で距離を測り間違えていると映るのではないだろうか。さらに、地震のない土地に身体や感覚が馴染むにつれて、私もまたその言葉の厚みを失いつつあるような気がしてならない。インターネットで日本の地震や台風、豪雨の記事を読む度に、その疑いが拭われずに跡を残す。そして、その感情の裏には、あの日の記憶や今も跡を残す場所、そして野宮への裏切りとみなす言葉の感覚があるのかもしれなかった。[*1]

あらゆる個々別々の戦争が、「戦争」という一語によって一括りにされてしまうように、そもそも言葉と具体的な出来事のあいだには、いかにしても埋めえない隔たりがある。それは、言葉と感覚のあいだの隔たりでもあるだろう（「赤」という言葉によっては、私の色彩経験は十全に言い表しえないように）。しかし、たとえ同じ言葉であったとしても、その言葉には発話者によって異なる「厚み」が存在しているのもたしかだ。「地震」という同じ言葉を口にするとしても、地震が頻繁に起こる土地に住むひとと地震のない土地に住むひととでは、言葉に結びつく感覚や感情は当然ながら異なり、そのような言語に置き換ええないものが言葉に「厚み」をもたらしている。言葉と物のあいだにはけっしてゼロにできない距離がありながら、なおも言葉は「厚み」というかたちで、その言葉を発するひとの感覚や感情を表すことができる。

『貝に続く場所にて』の語り手である小峰里美がくりかえし直面するのは、そのような言葉の厚みが、それこそさまざまな隔たりや距離によって変化するということにほかならない。地面を信頼するドイツの人々と震災を経験し日本から来た語り手のあいだの隔たり、震災を経験した場所（沿岸部か内陸部か、あるいは遠く離れた場所か）による隔たり、家が流され身の回りのものすべてを失ったひととそうでないひとの隔たり、あの日から九年という時間的な隔たり──ひとつひとつの隔たりが、言葉の厚みを変化させていく。作家自身が述べているように、近年、このような距離を均一化しようという欲望がこの社会には蔓延しているが、[*2]そのような動きが消し去ってしまうものこそ言葉の厚みだろう。発話者を取り巻くさまざまな距離が言葉の周りに結晶化させる厚みとは、けっして共通の物差しでは測りえない言葉の特異な意味である。ふつう私たちは「意味」なるものを、誰にでも共通の尺度のように考えてしまいがちだが、むしろ言葉の意味とは辞書的な定義から溢れ出るものであり、そう考えなければひとりひとりの人間が言葉を発する意味がなくなってしまう（「復興」と銘打った醜悪なオリンピックのさなかで頻繁に耳にした、「被災地を勇気づける」「勇気をもらった」といったクリシェほど厚みのない言葉はない）。距離や隔たりに裏打ちされた言葉だけが、意味を切り揃えようという邪な企てに抗して、特異な意味を伝えるのである。『貝に続く場所にて』は、現代においてまちがいなくそのような稀有な言葉のあり方を示している。

「記憶の痛みではなく、距離に向けられた罪悪感」[*3]を問う『貝に続く場所にて』が至った結末のあり方には批判的な評価もあるようだが、おそらく本作品は結論めいたものだけを取り出して批評するべきものではない。モザイク状に描かれた内省的言葉から、読者が「引っかかる物」[*4]を見つけてみずからの記憶と結び合わせ、思考を紡いでいくような読解こそ求められているだろう。そう考えると、距離が核心をなすこの作品のなかでも、冒頭に示した一節は、途方もない距離について考えるよう促している。あらためて前後を含めて長く引いておく。

ただ一度だけ、澤田は沿岸部で見てきたものについて話したことがある。

三月のあの日から時間をおいて、彼はできる限り海岸の方に足を運び、野宮のいた場所に近づこうとした。そこでは物が形を失い、用途を見失い、それを用いた人たちを失い、そして名前までもが失われかけていた。物は外観や形が残っていても、すでに時間の流れから置き去りにされ、「だったもの」という過去の照応によって手探りで認識されるようになっていた。同時に、澤田が目にした物たちは、記憶に繫がる言葉を内側に湛えていた。人形や靴、車や鞄、服や本、机に箪笥。それらは単純な名詞ではなかった。そこにあるのは、時間からもぎ取られた人の過去の断片だった。澤田はそこに人を見ていた。擬人化せずに、全てが奪われた場所における時間や存在の証明として捉える。しかし、その誰かでありながらも、彼には見知らぬ人たちの声の一部を目にしても、その記憶を共有することはできない。海水に濡れ泥にまみれた物、壊れてわずかに形を留めている物まで、見えない声として視覚的に捉えて、やがて彼の中で反響するが、それを聞き取って理解することはできない。耳を傾け続けても、そこから人の姿をおぼろにしか思い描けない。それでも、足を進めるうちに、彼の言葉は物の囁きや悲鳴、沈黙にのみ込まれていった。[*5]

語られているのは、野宮の友人である澤田が震災発生後にボランティアとして沿岸部に足を運んだときのことだ。澤田のまなざしは、「瓦礫」と一括りに呼ばれてしまうもののうちに、個々の人間の痕跡を捉えている。しかし、たしかに人間の痕跡がありながらも、それが誰なのかはわからない。人形であれ服であれ、津波に飲み込まれて所有者から切り離されたものは、人間の影を色濃く残しつつも、どこまでもその人間は「誰か」という不定の人称によってしか指し示されえない。かつて特定の人間と結びついていたはずのものは、その過去を示しながらも、いまや帰るべきところを失った断片となってしまっている。

澤田は、目と耳、視覚と聴覚の双方を使って失われた人間へと向かうが、そこには絶対に飛び越ええない深淵が口を開いており、足元には「誰か」のざわめきを宿すものだけが残りつづけている。人間と人間のあいだに広がる距離として、これほど悲痛なものはないだろう。むろん、海水に濡れた靴や人形が発する声を聞き取る耳をもたない者にとって、このような距離は最初から存在しない。だが、澤田のような耳は、「誰か」としか名指しえない者の特異な声が響いているのを聞き取り、その声に飲み込まれていく。カタストロフとは、特定の個人を「誰か」という不定の存在へと遠ざけること以外のなにものでもない。

震災以来、その後のコロナ禍もあいまって、カタストロフは断続的に論じられてきた。ジャン゠ピエール・デュピュイやジャン゠リュック・ナンシー、ミカエル・フッセルらのカタストロフ論が日本語に翻訳され、私自身も訳者として多少なりともその議論に関わってきたが、本書のテーマである投壜通信もまたカタストロフと切り離しえない。もともとが難破船から壜に詰めた手紙を海に投げ入れる行為である以上、そのイメージに忠実であるならば、投壜通信とはカタストロフをくぐりぬけて届く言葉なのである。長田弘は、「書くというのは、二人称をつくりだす試み」であり、「目の前にいない人を、じぶんにとって無くてはならぬ存在に変えてゆくこと」だと述べているが、[*6] 危機のなかで発される言葉は、書くという行為のなかでもとりわけ目の前にいない「あなた」をなくてはならない存在として切実に求め、その存在を信じるだろう。ツェランが語っていたように、カタストロフという悲劇のなかでは、言葉とそれを受け取る「あなた」だけが一縷の希望として残るのだ。

しかし、悲劇的状況のなかで海へと投げ込まれる言葉には、さらなる悲劇が待ち受けている可能性があるのではないか。西成彦は、そう指摘する。

芸術表現は「投瓶通信」だと喝破したロシアの詩人、オシップ・マンデリシュタムは、はじめ、このメタファーの希望的な側面に期待を示していた〔…〕。しかし、SOSを受け取る権利はそのSOSに適切に応答できる権能を保証しない。スターリン主義によって抹殺されたマンデリシュタムの生涯は「投瓶通信」という形式の悲劇性を語ってあまりある。「投瓶書簡」はしばしば誤って拾われてしまう。手紙は、えてして本当の宛先人によって黙殺される。あるいは、自分が本当の宛先であると確信するあまり、それが誤配であるかもしれないことを疑うことすらしないものによって、横領・隠匿されてしまうこともある。*7

岸辺にやっと漂着した手紙も、それを拾い上げる者の一存によって葬り去られたり都合よく利用されたりしてしまう。たしかにこのような事態は悲劇的であり、悲劇のうえにさらなる悲劇が重ねられてしまっているように思える。だが、西が語る悲劇は言語の条件なのではなかったか。デリダのエクリチュール論を想起するまでもなく、言語から誤配や彷徨の可能性を完全に排することはできない（そうであるがゆえに、逆に歪みも誤りもないコミュニケーションが理想として欲望されるのだろう）。言語とは、どこまでも悲劇的なものなのであり、そのような悲劇と表裏一体のかたちでしか希望は存在しえない。「危機のあるところ、救いとなるものもまた育つ」というヘルダーリンの詩句を好んだのはハイデガーだが、横領や隠匿の危機にさらされていない言語はなく、そのような危機が影のようにはりついたところでのみ、「あなた」によって特異な厚みをもった言葉は救い出されうるのである。

とはいえ、西とは異なる仕方で、投壜通信のさらなる悲劇を考えることはできるだろう。それは、差出人の名の消滅という悲劇である。投壜通信の豊かさ——危険と一体となった豊かさ——の源泉が、拾い上げた手紙をほかならぬ私に宛てられたものとして受け取ってしまえるという錯覚やバグにある以上、壜に詰めて投げ込まれた手紙に名宛人が具体的に記されているかはさほどおおきな問題ではない。しかし、反対に差出人の具体的な名がそこに書かれていなかったとしたら、その名が海水に滲んで消え去っていたとしたらどうだろうか。マンデリシュタームも書いているように、「航海者は遭難の危機に臨んで、自分の名と自分の運命を記した手紙を瓶に封じ込め海へ投じる」[*8]のであり、発信者の名を欠いた投壜通信などありはしない。みずからの目前に迫る運命をどうにか伝えたいと思うひとが、みずからの名を書き添えないとは考えがたいだろう。カタストロフをくぐり抜けた言葉に、もうひとつの悲劇、もうひとつのカタストロフがふりかかるとしたら、それは固有名の喪失をおいてほかにない。

『貝に続く場所にて』の澤田が沿岸部で目にした靴や人形などは、カタストロフによって望まざるかたちで所有者の名前の消えてしまった投壜通信ではないだろうか。そうであるからこそ、海水に濡れたさまざまなものは「単純な名詞ではなかった」のであり、澤田に対して強く呼びかけ、その先に単独な固有名の影を見せるものだった。しかし、すでに具体的な固有名とのつながりは断たれ、ほの見える影を名指そうにももはや「誰か」としか言いようがない。カタストロフはすべてを不定の人称で覆い尽くしてしまうのである。

カタストロフが生み出した悲劇的な投壜通信を語る澤田の言葉には、深いためらいと反省が感じられる。倫理的な態度といってもよいかもしれないが、その理由は靴や服の先にかつていた単独者を「名もなき人々」として一括りにすることを拒んでいるからだろう。だが、いうまでもなく、固有名は単独なひとりの人間とのみ排他的に結びつくものではありえない。同姓同名の人物が存在しうるように、固有名は誰かに固有のものではなく、原理的に反復可能なものである。たとえこの世にひとりしかいない名であろうと、その名は別のひとの名になる可能性をけっして排除しえず、固有名は最初からその固有性を毀損されている。[*9] それならば、名になど意味がないかといえば、むしろ逆であり、「名を名として尊重し、名によって名指され、名を担う他者に向けて名を横断[*10]」しなければならない。名が他者の単独性を十全に表すものではいささかもないと知ったうえでなお、名は依然として単独者へと通じる通路でありつづけるのであり、名をとおして単独者へと向かわなければならないのだ。

たとえば、石内都が広島平和記念資料館に保管されている遺品を撮影した有名な〈ひろしま〉シリーズのなかには、名札の縫いつけられた学生服や名前の書かれた靴下などを写した作品があるが、これらは名の痕跡のない他の作品と比べて、かつてそれを身につけていた者の姿をひときわ想起させる。[*11]交換可能な名こそが、交換不可能な個をより感じさせるのである。石内の写真が写し出す名を見ていると、「人は死において、ひとりひとりその名を呼ばれなければならないものなのだ」と述べ、個々の死が「名もなき人々」と集約されてしまうことに断固として反対した石原吉郎の姿が思い浮かぶ。

さらに私は、無名戦士という名称に、いきどおりに似た反撥をおぼえる。無名という名称がありうるはずはない。倒れた兵士の一人一人には、確かな名称があったはずである。不幸にして、そのひとつひとつを確かめえなかったというのであれば、痛恨をこめてそのむねを、戦士の名称へ併記すべきである。[*12]

第5章でも引いた「確認されない死のなかで――強制収容所における一人の死」というこの有名なエッセイは、ひとりの単独者に視線を据える石原吉郎の思想をあますところなく伝えるものだが、そうした石原の思考が名に対する深い省察と不可分であったことが随所から読み取れる。ひとりひとり名をもっていたはずの兵士を「無名戦士」と一括りにしてしまうことに対する石原の反発の裏には、交換不可能なひとりの人間を不特定多数の集団に吸い上げるとき、個々の名は容易に失われてしまうという痛切な認識が存在している。この点に関して、もうひとつだけ引用しておきたい。

「みじかくも美しく燃え」という映画を私は見なかった。だが、そのラストシーンについて嵯峨信之氏が語るのを聞いたとき、不思議な感動をおぼえた。映画は、心中を決意した男女が、死場所を求めて急ぐ場面で終るが、最後に路傍で出会った見知らぬ男に、男が名前をたずね、そして自分の名を告げて去る。

私がこの話を聞いたとき考えたのは、死にさいして、最後にいかんともしがたく人間に残されるのは、彼がその死の瞬間まで存在したことを、誰かに確認させたいという希求であり、同時にそれは、彼が結局は彼として死んだということを確認させたいという衝動ではないかということであった。そしてその確認の手段として、最後に彼に残されたものは、彼の名前だけだという事実は、背すじが寒くなるような承認である。にもかかわらず、それが、彼に残されたただ一つの証しであると知ったとき、人は祈るような思いで、おのれの名におのれの存在のすべてを賭けるだろう。[*13]

あらゆる「として」から解放された「存在」を表しうるのは、そのひとの名だけなのだ。国民として死ぬ、兵士として死ぬ、親として死ぬといったような役割において死ぬのではなく、ほかならぬそのひと——そのひとという存在——が死んだということは、名によってしか表しえない。それゆえに、投壜通信には名が記されるのであり、名の消滅こそが最大の悲劇なのである。

この一〇〇年ほどの歴史をふりかえっても、単独者の名を破壊する出来事はいくたびも起きてきた。なかには人間の力ではどうにも防ぎようのない自然災害もあるが、原爆の投下やホロコーストや植民地支配など、単独者の名の抹殺の多くは人間が引き起こしたものである。私たちが生きる世界の岸辺には名を失った無数の投壜通信が打ち上げられ、名を特定されぬままに特異な声を響かせているが、そのような悲劇を生み出したのはほかならぬ人間自身なのだ。単独者を単独者として遇しえない地獄のような歴史と現在を前にして、私たちは「いかにしてともに生きる」ことができるのだろうか。ロラン・バルトが一九七〇年代後半の講義で問い、デリダも参加した一九九八年のフランス語圏ユダヤ知識人会議が掲げたこのテーマは、いまもなお切実に問うべき問いとして私たちの前にあるように思える。しかし、じつのところ、もはや「共生」などとっくに権力者に都合のよい美名になりさがっているのかもしれない。嘘と欺瞞に満ちた言葉が飛び交い、無謬の「正しさ」にもとづく「論破」の快楽に人々が酔いしれ、剝き出しの敵対性しかないような世界で、「いかにしてともに生きるか」という問いには何の意味もないのかもしれない。

それでもなお、戦時中の九鬼周造のように「真と美の永久の静けさ」を少数の者たちだけで求めてはならない。少数の者だけが歩む道であろうと、そこに「善」をも求めなければ地獄のような世界に結局は埋没してしまうだろう。イタロ・カルヴィーノの『見えない都市』は、地獄をやり過ごす二つの方法を示している。

「生ある者の地獄とは未来における何ごとかではございません。もしも地獄が一つでも存在するものでございますなら、それはすでに今ここに存在しているもの、われわれが毎日そこに住んでおり、またわれわれがともにいることによって形づくっているこの地獄でございます。これに苦しまずにいる方法は二つございます。第一のものは多くの人々には容易《たやす》いものでございます、すなわち地獄を受け容れその一部となってそれが目に入らなくなるようになることでございます。第二は危険なものであり不断の注意と明敏さを要求いたします。すなわち地獄のただ中にあってなおだれが、また何が地獄ではないか努めて見分けられるようになり、それを永続させ、それに拡がりを与えることができるようになることでございます。[*14]」

たとえ地獄のような世界だろうと、一度それを受け入れて慣れてしまえば、もはや地獄だとは感じられなくなる。二〇世紀の悲惨な出来事を前にして、哲学者や作家が論じてきたのは、まさに地獄へと溶け込んでいく人間の姿だった。アーレントがアイヒマンにみた「悪の凡庸さ」はいうまでもなく、ソ連からの亡命作家アレクサンドル・ジノヴィエフが西側によって見逃されているソ連社会の一面として語ったのも、地獄と一体化することで生き延びる人々の姿だった。ジノヴィエフによれば、西側諸国はソ連には人権がないと盛んに批判したが、そんなものを必要とするのはソ連社会ではごく少数のひとだけであって、多くのひとにとっては低水準ではあれ安定した生活が保障されているということが人権よりもよっぽど重要なのだという。[*15] 東西冷戦が終結して三〇年以上が経過した現在、他者の人権にこれほどまで無関心な状況がくりかえされるのを見るにつけ、この指摘の射程がいかに広いか感じざるをえない。

それでは、地獄のなかで地獄でないものとは何だろうか。地獄に溶け込むのとは別の仕方で地獄に苦しめられないようにするには、いったい何のためのスペースを残し、どのような術を身につけなければならないのだろうか。おそらく、投壜通信はそのひとつの答えとなるだろう。それも、固有名がしっかりと記された投壜通信だ。私のもとに届いた手紙の差出人の名を尊重し、保持し、横断するとき、手紙は送り手の意図をはるかに超えて、思いもよらぬ意味を生み出すにちがいない。その特異な意味は、地獄の外へと通じる脱出口であるとともに、時間的にも空間的にもあらんかぎり遠く隔たった者のあいだにかそけき結びつきをなすだろう。あらゆる固定されたアイデンティティから遠く離れて、単独者と単独者が意味の余白と変容のみをやり取りする投壜通信の共同体こそ、地獄に抗してともに生きるあり方なのだ。誰でもよい、だがほかならぬあなたとともに生きるための言葉を投げつづけなければならない。

あとがき

投壜通信は、ある意味では古風なテーマである。最新のメディアや技術について論じるほうが、現代を語る言葉としては適当に思えるかもしれない。だが、投壜通信というアナクロニックなモチーフにこそ、いまの時代を考えるきっかけがある。少なくとも、私はそのように信じて書いてきた。

本書でも何度か言及しているように、投壜通信といえば、細見和之の一連の仕事が真っ先に思い浮かぶところである。実際、細見が書いたものは詩集も研究書もこれまで熱心に読んできたし、なかでも『「投壜通信」の詩人たち』は何度読み返したかわからない。とはいえ、ヘーゲルからフランクフルト学派にいたるドイツ思想を研究する細見と、脱構築思想を中心にいわゆる「フランス現代思想」を研究対象としている私とでは、思想的な背景が異なるのも事実だ。ツェランやアドルノの言葉がよく引かれるように、ふつう投壜通信というモチーフはドイツ思想とともに語られることが多いのに対し、私自身は前著『ジャン゠リュック・ナンシーと不定の二人称』（人文書院、二〇二三年）以来、ナンシーが語る独特な二人称から投壜通信を考えてきた。そのため、細見と同じモチーフを語りながらも、そこに結びつく概念や固有名には違いがあるし、細見の硬派な著作に比べて、本書はあまりにも卑近な例を投壜通信と関係させてしまっているという批判もあるかもしれない。

しかし、ここに書かれている言葉は、すべて私の身体を通って出てきたものだという一点において、それはやはり投壜通信になりうるものだといいたい（信じたい）。ある言葉が「誰でもよいあなた」に向かうか否かは、そこに特異な傾きがあるかにかかっている。言葉を書きつける者が生み出す特異な傾きや偏りが、「誰でもよい誰か」にしか向かわない言葉と、「あなた」という二人称へと向かう言葉を分けるのである。そして、そのような傾きを生み出す原動力こそ身体にほかならない。概念で書くのではなく、身体で書かなければ、言葉は平均値へと向かってしまう。むろん、そのような身体とは、物質としての私のこの身体だけを指すわけではなく、たとえば蔵書や記憶なども含むかたちで拡張された身体《コーパス》である。

そう考えると、「プシュケーは延長されているが、プシュケーはそれについて何も知らない」というフロイトの謎めいた箴言は、投壜通信を生み出す精神と身体について語ったもののようにも思えてくる。私たちの精神《プシュケー》は、物のなかにまで広がった拡張された身体として存在しているが、当の身体を精神は完全に把握できているわけではない。しかし、だからこそ、その身体からは私の意識によってはコントロールできない傾きが生まれ、その特異な偏りが平均値から外れた「あなた」へと言葉を差し向けるのである。

それゆえ、何かを書き、それを「あなた」へと向かう言葉にするためには、皮膚という境界線を越え出てゆく身体を広げる努力が日々欠かせない。最近、同業者にすら、なぜそんなに本を買い、暇さえあれば映画や芝居を観たり、展覧会やコンサートやライブに足を運んだりしているのかと問われることがあるが、それは私にとっては身体拡張のためなのである。萎縮した身体では、投壜通信たりうる言葉を投げることはけっしてできない。

いうまでもなく、投壜通信を拾い上げる側からみても、このような身体は不可欠である。不明瞭に拡張された身体があればこそ、理由はよくわからないままに、ある言葉を私に宛てられたものとして受け取るという事態が発生するのだ。もちろん、多くの書物を読み、さまざまなものを観ても、「これはほかならぬ私に宛てられている」という感覚が得られることはほとんどない。しかし、一度その経験をしてしまったならば、ひょっとするとまたどこかの岸辺で私に宛てられた壜を拾えるかもしれないと思ってしまうほど、その感覚は強烈である。

思い出すのは、大学一年の梅雨のある日のことだ。村上春樹の『1Q84』がうずたかく積み上げられた恵比寿駅の書店を眺めてから、小さなライブハウスへと向かった。前日から降り続く雨の影響からか客入りは悪く、客席にいるのは二〇人にも満たなかったように思う。以前にも何度かトリオでのライブには足を運んでいたが、ソロピアノを聴くのはその日がはじめてだった。このときの演奏は、いまでもはっきりと思い出せる。半地下のライブハウスの湿度を含んだ空気に混ざってゆく、丸みのある芯が通った音は、なぜだかわからないが強く私に訴えかけてきた。いまにいたってもなお耳のなかで鳴り響いているようにも思えるその音こそ、「投壜通信」という言葉すら知らなかった不勉強な大学一年生に、ほかならぬ私に宛てられたものがこの世にはあるという感覚を与えた最初のものだった——だが、その音色を奏でた和泉宏隆はもうこの世にいない。死後に発表されたアルバムを聴くにつけ、早すぎる死が悼まれるが、その繊細さと韜晦に満ちたタッチとトーンは、ピアニスト本人のあずかり知らぬところで、投壜通信として私の心の岸辺に届いたことをこの本の片隅に記しておきたい。

本書は、『群像』でおおよそ一年半にわたって隔月で連載された「投壜通信」を書籍としてまとめたものである。書籍化にあたっては、タイトルを「「誰でもよいあなた」へ——投壜通信」に変更している。このタイトルは、ナンシーの追悼論考で用いたものであり(「誰でもよいあなたへ——ジャン゠リュック・ナンシーからの投壜通信」、『群像』二〇二二年一一月号)、これがきっかけとなって連載「投壜通信」が始まったのだった。ほぼ同じタイトルではあるが、この追悼論考は本書には収録されていない。無用な混乱を招かないためにも、ここに明記しておく。
その追悼論考から連載までをご担当いただいた北村文乃さんからは、原稿に対して鋭いコメントをいただいただけでなく、毎回のメールのやりとりのなかで展覧会やお酒の話などさまざまな雑談にもお付き合いいただいた。私にとってはじめての連載を楽しく書き切ることができたのは、ひとえに北村さんのおかげである。単行本の編集をご担当いただいた堀沢加奈さんには、タイトルや書体をはじめ隅々にまで心を配っていただいた。投壜通信には、どこか特異な「美」が不可欠だが、堀沢さんはそのような「美」を書籍というかたちにしてくださった。編集をご担当いただいたお二人に心からのお礼を申し上げたい。

連載の途中で、私は新潟の大学に職を得て、それまで住んでいた千葉県の市川市から新潟市へと引っ越したが、その移動の痕跡が本書には顔を出している（たとえば、会津八一の印象的な言葉は、新潟で八一の記念館を訪れなければ出会えなかった）。そして、まちがいなくその痕跡のひとつは、大量の本をともなう引っ越しのなかで、ことあるごとに思考を触発してくれたハムスターのよもぎさんとぽんずさんによるものである。慌ただしい日々のなかでも毎回原稿を読み的確なコメントをくれた妻と小さな伴走者たちに本書を捧げる。

二〇二三年八月六日　海老ケ瀬にて

伊藤潤一郎

註

1.「あなた」を待ちながら

＊1 リルケ『マルテの手記』大山定一訳、新潮社（新潮文庫）、二〇〇一年（改版）、二七―二八頁。

＊2 オシップ・マンデリシュターム『詩集石／エッセイ対話者について』早川眞理訳、群像社、一九九八年、一三八―一三九頁。

＊3 パウル・ツェラン「ハンザ自由都市ブレーメン文学賞受賞の際の挨拶」、『パウル・ツェラン詩文集』飯吉光夫編訳、白水社、二〇一二年、一〇二頁。

＊4 細見和之『「投壜通信」の詩人たち――〈詩の危機〉からホロコーストへ』、岩波書店、二〇一八年、二八七頁。

＊5 細見和之『言葉と記憶』、岩波書店、二〇〇五年、一八―一九頁。

＊6 私は、二〇二一年に惜しくも亡くなったフランスの哲学者ジャン＝リュック・ナンシーのテクストを私宛ての投壜通信だと思い（込んで）これまで読んできたが、ナンシーの言葉にはけっしてツェランの詩のような難解さはない。むしろ、ナンシーのテクストは平易である。だが、文章が平易であることと理解ができることとは必ずしも等号では結ばれない。私の場合、ナンシーを読み始めてまもなく、そこで問われていることが私にとって重要な問題であることには気づいたが、その言葉が私にとって意味をもつようになるには相当の時間を要した。それに、投壜通信は一度届いたら終わりというものでもないだろう。テクストを読みつづけることで、これからもナンシーから新たな投壜通信が私のもとに届くはずである。ナンシーと投壜通信については、以下の拙稿も参照されたい。「誰でもよいあなたへ――ジャン＝リュック・ナンシーからの投壜通信」、『群像』二〇二一年一一月号。

＊7 西村和泉「草稿から読み解く『ゴドー』」、サミュエル・ベケット『新訳ベケット戯曲全集1　ゴドーを待ちながら／エンドゲーム』岡室美奈子・長島確監修、岡室美奈子訳、白水社、二〇一八年、二七五頁。

＊8 サミュエル・ベケット『ゴドーを待ちながら』安

堂信也・高橋康也訳、白水社（白水Uブックス）、二〇一三年、一四九頁。以下でフランス語のジェロンディフという文法に言及するため、さしあたりフランス語版を底本としている白水Uブックス版を参照した。

＊9 ベケット『新訳ベケット戯曲全集1　ゴドーを待ちながら／エンドゲーム』、一三八頁。

＊10 加國尚志『沈黙の詩法――メルロ゠ポンティと表現の哲学』、晃洋書房、二〇一七年、八頁。

2. 庭付きの言葉

＊1 カール・ヤスパース『形而上学〈哲学Ⅲ〉』鈴木三郎訳、創文社、一九六九年、一七一頁。

＊2 エマニュエル・ムーニエ『人格主義』木村太郎・松浦一郎・越知保夫訳、白水社、一九五三年、七〇頁。以下、引用文中の強調は断りがないかぎり原著者によるものである。

＊3 「ムーニェは、社会の構造を、人間の精神の構造と同じように、変えるに足る現実としてみとめた、おそらく最初の勇敢なカトリック思想家であった」と指摘したうえで、加藤は次のように述べている。「彼がほんとうに生きはじめるのはこれからであるかもしれないということに、読者の注意を喚起することができれば、充分である」（加藤周一「ペルソナリスムの時代的意義――エマニュエル・ムーニェの提出した問題の一つについて」、『人間』第六巻第五号、目黒書店、一九五一年五月、七六頁、漢字は新字体に変更）。加藤のこの評言は、両大戦間期のヨーロッパの混乱のなかで個人主義と全体主義の双方を拒否し新たな共同体の創出を目指したひとりの思想家に、当時の日本社会の向かうべき方向を見出すものだといえるだろう。

＊4 長田順行『暗号大全――原理とその世界』、講談社（講談社学術文庫）、二〇一七年、三頁。

＊5 ピエール・アド『イシスのヴェール――自然概念の歴史をめぐるエッセー』小黒和子訳、法政大学出版局、二〇二〇年。

＊6 暗号はヴェールやカバーの問題に尽くされるものではもちろんない。ここで論じることはできないが、たとえば暗号と権力の関係はきわめて重要な論点である。この点については、デリダの次の言葉を想起したい。「あるコードの覆いが剝がされ、

クリプトから引き摺り出され、公表されるたびごとに、権力の仕組みはそこからもうひとつ別の秘密で神聖で「深遠な」コードを生み出す」（ジャック・デリダ『スクリップル——権力／書くと』大橋完太郎訳、月曜社、二〇二〇年、五六頁）。

*7 ジル・クレマン『庭師と旅人——「動いている庭」から「第三風景」へ』エマニュエル・マレス編、秋山研吉訳、あいり出版、二〇二一年、一三－一四頁。

*8 マルクス『資本論（二）』向坂逸郎訳、岩波書店（岩波文庫）、一九六九年、一〇頁。

*9 クレマン『庭師と旅人』、四頁。

*10 ジル・クレマン『動いている庭』山内朋樹訳、みすず書房、二〇一五年、九頁。

*11 ジョルジュ・バタイユ『エロティシズム』酒井健訳、筑摩書房（ちくま学芸文庫）、二〇〇四年、四七〇頁。

*12 ジャン＝リュック・ナンシー『侵入者——いま〈生命〉はどこに？』西谷修訳編、以文社、二〇〇〇年、五七頁。

*13 アレクサンドル・コジェーヴ『ヘーゲル読解入門——『精神現象学』を読む』上妻精・今野雅方訳、国文社、一九八七年、二〇八頁。

*14 ジャン＝リュック・ナンシー「物々の心臓」、『限りある思考』合田正人訳、法政大学出版局、二〇一一年所収。

*15 クレマン『動いている庭』、一六八頁。

3．岸辺のアーカイヴ

*1 いうまでもなく、買うという行為には経済的な基盤が必要であり、個人のレベルでは貧困や経済的格差をめぐる問題を、図書館などのアーカイヴでは予算の削減という問題を看過することはできない。本を買う余裕もないような経済状況にひとを追い込んだり、体系的な資料収集ができないほど図書館の予算を削減したりすることは、社会を有用性という尺度で覆い尽くすこととどこかでつながっている。

*2 『デリダ、異境から』の日本語字幕版は、この映画を監督したサファー・ファティとデリダの共著『言葉を撮る——デリダ／映画／自伝』（港道隆・鵜飼哲・神山すみ江訳、青土社、二〇〇八年）の

付録DVDで観ることができる（字幕＝鵜飼哲）。デリダの言葉を引用するに際しては、字幕から一部表記を変更している。

＊3 「〈討議〉ジャック・デリダ、フィリップ・ラクー＝ラバルト、ジャン＝リュック・ナンシーの対話」渡名喜庸哲訳、『思想』第一〇八八号、岩波書店、二〇一四年、三六八－三六九頁。〔 〕内は訳者による補足。

＊4 ただし、どんなに浅薄にみえるものであっても、それを大多数のひとが読むであろう方向性からずらす可能性はつねに残っている。たとえば、ベンヤミンの「屑拾い」というモチーフは、ゴミのようにみえる些末なもののなかから別の可能性を拾い上げてくることだろう。それゆえ、結局のところ問われるべきは、いかに読むか、どのように塵を拾うかということになるだろうが、それはもう少し先の話である。

＊5 ジル・ドゥルーズ「内在――ひとつの生……」小沢秋広訳、『狂人の二つの体制 1983-1995』宇野邦一監修、河出書房新社、二〇〇四年、三〇〇頁。

＊6 ジョルジョ・アガンベン『思考の潜勢力――論文と講演』高桑和巳訳、月曜社、二〇〇九年、四四六頁。

＊7 ジョルジョ・アガンベン『書斎の自画像』岡田温司訳、月曜社、二〇一九年、二七頁。

＊8 とはいえ、いかなる図書館やアーカイヴも現存するすべての本や資料を収集できるわけではないため、そこでは選別が必ずおこなわれている。つまり、集めるという行為は、必然的に選ぶという行為にならざるをえない。デリダが『アーカイヴの病――フロイトの印象』（福本修訳、法政大学出版局、二〇一〇年）で執拗に語っていたのは、まさにこの問題だった。

4. 私にとっての赤

＊1 馬場靖人『〈色盲〉と近代――十九世紀における色彩秩序の再編成』、青弓社、二〇二〇年、三一〇頁。

＊2 以下では、馬場と同じく私自身も「色盲」という呼称をときに用いていくが、これに対しては差別語だと批判する向きもあるだろう。しかし、「色盲」を「色覚少数派」と言い換えることは、色に

対して盲目であるという否定態として特徴づけられてきた色盲者の歴史を消し去ることになりかねない。言葉から歴史を抹消することは、すでになされている差別の暴力のうえに、暴力の歴史を抹消する暴力を上塗りしてしまう可能性がある。私自身は「色盲」という言葉を引き受けることで、暴力の歴史の痕跡をとどめつつ、「色盲」という言葉によって、以下で述べるような否定態とは異なる可能性を指し示していくという立場を取る。馬場自身は、「色盲」という語を用いる理由を次の論考でより詳しく論じているので参照されたい。馬場靖人「なぜ私は「色盲」という名にこだわるのか?」、『αシノドス』Vol. 275、二〇二〇年。

*3 馬場『〈色盲〉と近代』、二九三頁。

*4 ダニエル・L・エヴェレット『ピダハン――「言語本能」を超える文化と世界観』屋代通子訳、みすず書房、二〇一二年。

*5 たとえば、以下を参照のこと。今井むつみ『ことばと思考』、岩波書店(岩波新書)、二〇一〇年。

*6 http://asaito.com/research/2020/03/post_67.php (最終閲覧日:二〇二三年九月一一日)。強調は引用者による。

*7 以前、ある美術史の研究者と色盲の話をしていたときのこと、「自分は右目と左目で「赤」の見え方が異なる」と言われ、なるほどと深く頷いたことがあった。右目と左目ですら、色彩経験は異なるのである。

*8 第2章では、「物そのもの」を指し示す言語や、物の前代未聞の相貌を示す言葉を「庭付きの言葉」と形容したが、「赤」を証言とみなすことは、「赤」を「庭付きの言葉」と捉えることにほかならない。

5. 一人の幅で迎えられる言葉

*1 細見和之『石原吉郎――シベリア抑留詩人の生と詩』、中央公論新社、二〇一五年、三頁。

*2 『石原吉郎全集・II』、花神社、一九八〇年、三二―三三頁。

*3 「赤い」や「茶色い」という形容詞は主観的な性質を表すものでありながら、不特定多数に共有された一般的な意味(辞書的な意味)をつねにもたざるをえない。それは、形容詞にかぎらず言語の意味一般がもつ宿命的事態だが、「赤い」や「茶

色い」という言葉は、一般化された意味だけを指し示すわけではけっしてない。こうした形容詞を証言として受け取れば、そのとき「赤い」や「茶色い」は主観に立ち現れる一回かぎりの性質を示す言葉となる。この点については、第4章「私にとっての赤」を参照されたい。

もちろん、言葉が主観的性質を必要かつ十分に表すことはありえない（知覚経験と言語はまったく異なるものなのだから当然のことだ）。けれども、言語が一般化された意味しか伝えないということもまたありえないのである。もしそのように考えられているとしたら、それこそ石原が述べるように「不特定多数への語りかけ」しかありえないということになるだろう。ここで問われているのは、数の力による意味の一般化を問い直す視点を保持しうるか否かということにほかならない。この点に関して、日本語学者の北原保雄が形容詞について述べているところを簡単に見ておきたい。「言葉はもともと主観の認識作用に基づくものであり、「高い」「早い」などの属性形容詞でさえ、主観が対象の性質や状態について、高い、早いと認識することに基づく表現なのである。それをほとんどすべての主観が同じように認識するところから、客観的表現となる」（北原保雄『日本語の形容詞』、大修館書店、二〇一〇年、四五頁、強調は引用者による）。いうまでもなく属性形容詞には「赤い」といった色についての表現も含まれるが、北原はそれを客観的表現だとする。その論拠とされているのが、「ほとんどすべての主観が同じように認識する」という事態だが、北原が注意深く留保をつけた「ほとんど」は、その議論を破綻させる破壊力を秘めている。同じように認識するのは、一切の例外のない「全員」ではないのだ。「ほとんどすべて」と書くことによって、北原は例外が存在することをおそらく認めている。にもかかわらず、「ほとんどすべて」は、すぐさま「客観」と等号で結ばれてしまう。ここにあるのは、例外が存在するかぎり属性形容詞がどこまでも主観的表現でしかありえないということを否認し、数の力によって客観を作り出そうとする暴力にほかならない。

＊4　『石原吉郎全集・Ⅱ』、三二頁。

＊5　『石原吉郎全集・Ⅲ』、花神社、一九八〇年、四七二頁。

＊6　昨今の完全食やサプリメントの氾濫をみると、いまや食はますます量化されていっている。食が三人称化することは、けっして私たちと無関係のことではない（カロリーメイトのかつてのコピー「とどけ、熱量。」のおもしろさは、三人称的量が「とどけ」という一・二人称間の差し向け関係のなかに置かれている点にあるだろう）。

＊7　『石原吉郎全集・II』、一一頁。

＊8　私はここにSNSにおいて「いいね」の数をあてこむ言葉を見ざるをえない。そこで生じているのは、誰でもよい誰かから多くの「いいね」を得ようという「承認の量化」とでもいうべき事態であり、誰でもよいあなたを待つことのできないインスタントな承認欲求に駆られた言葉である。

＊9　『石原吉郎全集・I』、花神社、一九七九年、一一―一三頁。

＊10　直前の部分も含めて引用すると次のようになる。「思考の徹底性を欠くため石原から、自分が許容し、許容されるとかんがえる究極の社会に対する考察が脱け落ちているといってもいい。石原の思想の実現は、どこで可能か、という設問がないため、現実の相対感覚の驚くほどの欠如がもたらされることになるのである。「肉親へあてた手紙」のなかで石原は、四十半ばの男にしては驚くほどナイーブな無知をさらしている」（芹沢俊介「〈単独者〉の自由とその限界――石原吉郎論」、『現代詩読本――2　石原吉郎』、思潮社、一九七八年、九六頁）。

6. 記憶と発酵

＊1　Jean-Luc Nancy, *Demande : Littérature et philosophie*, Galilée, 2015, p. 145.

＊2　「なんの役に立つの?」という感じではあるが、興味のある方のために詳細な文献情報を記しておけば、まずデカルトの原文の出典は以下のとおり。René Descartes, *Cogitationes privatae* in *Œuvres de Descartes*, publiées par Charles Adam et Paul Tannery, tome X, Léopold Cerf, 1908, p. 217. そして、ナンシーがここで暗唱しているのは、おそらくフェルディナン・アルキエによるフランス語訳の次の箇所。René Descartes, « Olympiques », in *Œuvres philosophiques*, édition de Ferdinand Alquié, tome 1, Garnier, 1963, p. 61. 最後に、ナン

シーによって省略されている部分も含めた日本語訳を挙げておく。ちなみに、この『思索私記』の翻訳は森有正の絶筆とされている。「我々の中には、燧石の中における火のように、学問の種子が宿っている。その種子は哲学者達によっては理性を用いて引き出されるが、詩人達によっては想像力によって打ち出され、一層強く輝くのである」（『思索私記』森有正訳［所雄章編］、『増補版デカルト著作集4』、白水社、二〇〇一年、四四〇頁）。アルキエの注釈によれば『方法序説』にも同様の表現があるとのことで、該当箇所を確かめてみるとそこでは「真理の種子」と表現されていることがわかる。このようにデカルト研究において「学問の種子」と「真理の種子」がほぼ同義の表現とされていることを踏まえれば、ナンシーが両者を入れ替えて暗唱していることは故なきことではないとわかるだろう。とはいえ、いまここで考えたいのは、こうした検証作業によって明らかになる正確な知とは異なる知のあり方なのだ。いうまでもないが、私自身は文献学的な作業が必要ないとはけっして思ってはおらず（このように調べがつくのもアルキエや谷川多佳子や山田弘明らの仕事のおかげである）、哲学書を翻訳するうえでは、原書に欠けている書誌情報などを訳者が訳註などで補足することはある種の義務とすら考えている。にもかかわらず、正確な知を踏まえたうえで異なる方向への跳躍が可能であること、それこそが人間の知の重要な側面のひとつであることを考えたいのである。

*3 第2章「庭付きの言葉」参照。

*4 クレマン『動いている庭』、九頁。

*5 G・W・F・ヘーゲル『精神現象学（下）』熊野純彦訳、筑摩書房（ちくま学芸文庫）、二〇一八年、五八八–五八九頁。

*6 同書、五九一頁。

*7 小倉ヒラク『発酵文化人類学——微生物から見た社会のカタチ』、KADOKAWA（角川文庫）、二〇二〇年、二五頁。

*8 松本俊彦『誰がために医師はいる——クスリとヒトの現代論』、みすず書房、二〇二一年、一九二–一九三頁。

*9 ドミニク・チェン「監訳者解説「発酵する体」」、サンダー・エリックス・キャッツ『メタファーとしての発酵』ドミニク・チェン監訳、水原文訳、

オライリー・ジャパン、二〇二一年、一五六頁。

＊10 ドミニク・チェン「メタ床——コミュニケーションと思考の発酵モデル」、『ゲンロン10』、ゲンロン、二〇一九年、一五五頁。

＊11 レイ・ブラッドベリ『華氏451度〔新訳版〕』伊藤典夫訳、早川書房（ハヤカワ文庫SF）、二〇一四年、一〇三頁。

7. 断片と耳

＊1 ジャック・デリダ『プシュケー——他なるものの発明II』藤本一勇訳、岩波書店、二〇一九年、一九二頁。〔 〕内は訳者による補足。

＊2 人々の時間が細切れになっていることと、『超訳ニーチェの言葉』がベストセラーとなったことのあいだには、おそらく何らかの関係があると考えてしかるべきだろう。

＊3 青柳瑞穂『ささやかな日本発掘』、講談社（講談社文芸文庫）、一九九〇年、一〇-一一頁。

＊4 同書、一一-一二頁。

＊5 ジャック・デリダ『哲学の余白（下）』藤本一勇訳、法政大学出版局、二〇〇八年、二五一頁。

＊6 ヴァルター・ベンヤミン『パサージュ論（三）』今村仁司ほか訳、岩波書店（岩波文庫）、二〇二一年、二〇三-二〇四頁。

＊7 日本で哲学に関する論文や本を書いているひとは、「哲学者」なのか、それとも「哲学研究者」なのかというしばしば話題になる問題は、どこかで「屑拾い」と関係しているように思える。この手の話では、日本語の哲学論文は「ジャン＝リュック・ナンシーにおける思考のリズムについて」といったような（これは実際に私が以前に書いた論文の副題だが……）、誰かほかの「偉い」哲学者の重要概念やモチーフを解釈したり注釈したりするだけで、書き手自身の思考が展開されておらず、おもしろくないという意見（悪口）をよく目にする。つまり、日本で哲学の論文を書いている多くのひとは「哲学研究者」であって「哲学者」ではないし、そこでおこなわれているのは「哲学」ではなく「哲学学」にすぎないというわけだ。たしかに一理あるようにも思える。哲学の論文は、その道の専門家でないかぎりなにが問われているのかよくわからず、ひたすら重箱の隅をつついているようにしかみえないものも多い。私自身の勝手

な見解を述べることを許してもらえるなら、「哲学者」と「哲学研究者」をわける指標のひとつは、まさにベンヤミン的な「屑拾い」ができるかにある。ごく浅く狭い交友関係にもとづく観測によれば、哲学に携わる者は二つのタイプにわけられる。一方は、四六時中哲学しているひとで、このタイプの人間は地下鉄に乗っていようが、お昼ごはんのお弁当を食べていようが、ハムスターの小屋の掃除をしていようが、いつでも考える種を探しており、どんな些細なことであろうと論文や本のなかに活かしていく。もう一方には、あくまで論文や本を書くのは仕事であって、営業時間は九時－一七時ですとまでは言わないが、仕事の時間以外では哲学のことは考えないというひとがいる。つまり、哲学の世界には、屑拾いをするタイプとしないタイプの二つの人間がおり、後者のタイプには「哲学学」とみなされがちな論文を書くひとが多い（と私は思う）。ちなみに、「哲学学」批判への反論として、以下の拙論も参照されたい。「みずからを語る霊媒――「哲学学」批判についての試論」、『国際地域研究論集』第一四号、国際地域研究学会、二〇二三年三月。

＊8　それゆえ、ヘーゲルにおいては絶対精神のうちに記憶されることがなににもまして重要になる。先にも引用した「この精神の王国の杯から／精神に泡だつは　その無限性」という『精神現象学』末尾のシラーの詩句は、現実の単独な存在（いまここに生きている私）が精神の世界に移ることで、肉体が腐ってもなお観念において生を得て復活するさまを描いており、戦後のフランスではアレクサンドル・コジェーヴのヘーゲル解釈の影響の下、多くの哲学者がここに「供犠」の構造を見出してきた。しかし、この詩句で用いられている「発酵」という現象を文字どおりに受け取れば、ヘーゲルの試みは別の方向へも向かいうる。この点について詳しくは、第6章「記憶と発酵」を参照されたい。いずれにしろ、つねにヘーゲルはアンビヴァレントな哲学者なのだ。ひとつの時代の終わりに飛び立つミネルヴァの梟は、新たな時代の始まりを予告する海燕かもしれず、知の最終到達点である絶対知は、バタイユのいう非－知とつねに背中合わせなのかもしれない。

＊9　藤原辰史『歴史の屑拾い』、講談社、二〇二二年、一五四頁（強調は引用者による）。

*10 赤坂憲雄、藤原辰史『言葉をもみほぐす』、岩波書店、二〇二一年、一〇一－一〇二頁。

*11 梯久美子「声は消える」、『文藝』二〇二一年冬季号、二八五頁。

*12 そもそも、もしすべての言葉が私を宛先にしていると思い、それに応答するとしたら、「応答」という概念自体が意味をなさなくなるだろう。有限な人間の注意は限られた数の対象にしか向けられないがゆえに、応答の対象を選択するという責任が生じる。それゆえ、すべての言葉に応答できるところに、責任としての応答可能性（responsibility）は存在しない。

*13 ロラン・バルト『零度のエクリチュール 新版』石川美子訳、みすず書房、二〇〇八年、一九頁。

*14 ロラン・バルト『ミシュレ』藤本治訳、みすず書房、一九七四年、一一八頁。

8. 誇張せよ、つねに

*1 冒頭の引用は、以下で読むことができる。蒜山目賀田『Statements and Sketches』、二〇一八年。

*2 蒜山目賀田『もちてのほん』、二〇一九年（強調は引用者による）。

*3 たとえば、井岡詩子『ジョルジュ・バタイユにおける芸術と「幼年期」』（月曜社、二〇二〇年）を参照。

*4 中村文則「解説」、村田沙耶香『コンビニ人間』、文藝春秋（文春文庫）、二〇一八年、一六六頁。

*5 蒜山目賀田個展〈SCREEN〉（二〇二二年一一月－一二月）、「展示に際して」より。

*6 宇佐見りん『かか』、河出書房新社（河出文庫）、二〇二二年、一八－一九頁。

*7 「死む」など子どもの言語習得過程における文法上の「まちがい」については、広瀬友紀の著作（『ちいさい言語学者の冒険――子どもに学ぶことばの秘密』、岩波書店、二〇一七年、および『子どもに学ぶ言葉の認知科学』、筑摩書房［ちくま新書］、二〇二二年）を、「おっけーぐるぐる」など幼児が好む音声のくりかえしについては、川原繁人『音声学者、娘とことばの不思議に飛び込む――プリチュワからカピチュウ、おっけーぐるぐるまで』（朝日出版社、二〇二二年）を参照。

*8 宇佐見『かか』、九頁。

*9 正津は次のように証言している。「僕が学生の頃

にすごくおもしろいことをおっしゃったんですね。「私の辞書」というお話をされまして、それぞれ個人個人が自分型の辞書をつくらなければいけないということをおっしゃったんですね。すごくおもしろくてずいぶん長く頭の中にあるんですけど、通有の辞書じゃなくて自分の中に辞書をつくりなさいと言われたことがありましたね。変なことをおっしゃる先生だなと思って」（鶴見俊輔、谷川俊太郎、正津勉『鶴見俊輔、詩を語る』、作品社、二〇二二年、三五頁）。

*10

解らない言葉は全部調べ出せた
だけど誰かの為の辞書でだったから
頼りないものさえそっと頼りにした
きっとどこにもない気持ちだったから

（鬼束ちひろ「書きかけの手紙」）

鬼束ちひろの歌詞では、「貴方」や「あなた」という二人称が強烈な引力で磁場をかたちづくると同時に、「腐敗」や「傾く」といった二人称からの落下を示すモチーフが執拗に現れる。つまり、ほかならぬ「貴方」や「あなた」へと向けられた言葉は、二人称と一人称のあいだの二者関係の外部でも通用する言葉（「誰かの為の辞書」）によって汚染されるがゆえに、堕落をまぬがれることができない。これはキリスト教的な楽園追放の疎外論にも思えるが（実際、鬼束の歌詞には《God》が多く登場する）、おそらく二人称から遠ざかる運動だけでは、鬼束ちひろを十分な仕方で解釈したことにはならない。考えるべきは、「頼りないものさえそっと頼りに」する身振りであり、必然的に裏切られる言葉にそれでもなお頼り、確実性の枠外で言葉を発するという行為だろう。そこにおいて現れるのは、超越的な二人称でも親しい二人称でもなく、亡霊のようにつきまとって離れない二人称であるはずだ（まさに「LIVING WITH A GHOST」）。

これまでの鬼束についての語りは、歌詞における神の存在や二人称の意味、ドラァグ・クイーンのようなパフォーマンスに注目するものが多かった。しかし、いまや語るべきは、亡霊的な二人称とその右腕に彫られた二つの賽子のタトゥーが象徴するものでなければならない。来るべき鬼束論は「亡霊」と「賭け」を二つの焦点とする楕円となり、亡霊的二人称へと身を賭す言葉が形成する共同性を問うものとなるだろう。

＊11 九鬼周造『九鬼周造全集　第四巻』、岩波書店、一九八一年、四頁（漢字は新字体に変更）。

＊12 ジャック・デリダ「書物外」藤本一勇訳、『散種』、法政大学出版局、二〇一三年、五頁。

＊13 「脱構築主義者は難解な表現が満載の文章と曲芸的にひねくれた構文を使うことを好み、使われる用語のなかには「テクストの不確定性」「知のもう一つの方法」、言葉における「言語的不安定性」などがあるが、それは勿体ぶった形とはいえ、トランプの側近が近年、彼の嘘、豹変、不誠実な約束について言い訳する際の文言と似たものがある。例えば、トランプの代理人は日本の安倍晋三首相の補佐官に「トランプ氏の公の発言を逐語的に受け止める必要」はないと話した」（ミチコ・カクタニ『真実の終わり』岡崎玲子訳、集英社、二〇一九年、四六頁）。カクタニは、トランプの取り巻きにとって言葉の意味が都合よく状況に応じて変化させられるものになっていることを批判し、そのような言葉のあり方を「脱構築主義者」と結びつけている。言葉の意味は変化しうるという版違いの辞書を見ただけでわかるような表層的な事実にもとづいてトランプと脱構築の類似を語るカクタニは、以下で述べる脱構築思想にとって重要な「所有」というポイントをまったく理解できていない。むしろ批判すべきは、トランプの取り巻きがつねに意味の真偽の基準をみずからのうちに所有していることだろう。意味の真理をつねに発話主体が占有するとき、その主体は無謬になる（昨今、「論破」などといわれているのもこのバリエーションである）。

＊14 デリダ「書物外」、六頁。

＊15 第2章「庭付きの言葉」で論じた「庭」というモチーフは、このような主体の制御下に置きえない余白にほかならない。また、言語によって掬い取り切れないにもかかわらず、言語によって表されることでしか証言されえない知覚の質もこうした余白の一例である。この点については、第4章「私にとっての赤」を参照。

9．あてこまない言葉

＊1 会津八一『自註鹿鳴集』、岩波書店（岩波文庫）、

一九九八年、一〇頁。

＊2 Jacques Derrida, *De la grammatologie*, Minuit, 1967, pp. 15-16.

＊3 廣松渉、加藤尚武編訳『ヘーゲル・セレクション』、平凡社（平凡社ライブラリー）、二〇一七年、五〇頁。

＊4 吉田隼人『霊体の蝶』、草思社、二〇二三年、五一頁。

＊5 ヴァルター・ベンヤミン「歴史の概念について」、『ベンヤミン・アンソロジー』山口裕之編訳、河出書房新社（河出文庫）、二〇一一年、三六七-三六八頁。

＊6 新潮文庫のキャラクターが「Yonda?」から「QUNTA（キュンタ）」に変わったことが思い出される。「読んだ」という事実から、「キュンキュンする」という共感へと時代は移り変わっていったのだ。

＊7 横田祐美子「嶽本野ばらとアウグスティヌス——乙女と内に秘められた過剰の美学」、『ユリイカ』二〇二〇年九月号、青土社、三四六頁。

＊8 同、三四八頁。

＊9 嶽本野ばら「世界の終わりという名の雑貨店」、『ミシン』、小学館（小学館文庫）、二〇〇七年、九五頁。なんと決然とした理解の拒絶を示す読点だろうか！

＊10 ツェラン「ハンザ自由都市ブレーメン文学賞受賞の際の挨拶」、一〇一頁。

10・「あなた」とともに

＊1 石沢麻依『貝に続く場所にて』、講談社、二〇二一年、四一頁。

＊2 「震災から時間が経ち、三月十一日が来るたびに日本ではあの日のことを思い、そう誘導するように特集も組まれる。しかし、そこに何か違和感がありました。時間的、空間的、心情的な距離感というのは人によって異なるものです。それを距離を一律そろえて、あの日に向かい合う、という意図があるような気がして、何かしら引っかかるのです。沿岸部の人たち、原発避難区域の人たちと同じ距離で三月の記憶を見ることは不可能です。寄り添うことなどできない。それをどこかではっきりと分かっているからこそ、その日だけは距離を無理に縮めて近づいたつもりになって、罪悪感

を消そうとするのではないか、と考えたりしました」(「石沢麻依への15の問い」、『群像』二〇二一年九月号、一八頁)。

*3 石沢『貝に続く場所にて』、一五〇頁。

*4 同書、九八頁。

*5 同書、六七‐六八頁(強調は引用者による)。

*6 長田弘『すべてきみに宛てた手紙』、筑摩書房(ちくま文庫)、二〇二二年、一四九頁。

*7 西成彦「Message in a Bottle を前にして」、池内靖子・西成彦編『異郷の身体――テレサ・ハッキョン・チャをめぐって』、人文書院、二〇〇六年、二頁。

*8 マンデリシュターム『詩集 石/エッセイ 対話者について』、一三八‐一三九頁(強調は引用者による)。

*9 いわゆる「キラキラネーム」とは、一面では絶対的に固有な名を求めていった結果であり、「個性」や「かけがえのなさ」への現代の無邪気な信仰が生み出したものだろう。単独者(「世界に一つだけの花」)は、その単独性を反復可能な固有名によってつねに汚されており、その汚染を引き受けた先でのみ単独性への通路は開かれるということを忘れてはならない。

*10 Jacques Derrida, *Sauf le nom*, Galilée, 1993, p. 61.

*11 石内の〈ひろしま〉について、柳田邦男は次のように述べている。「広島平和記念資料館には、寄贈者の証言によって、衣類一点一点ごとに、それを身につけていた一人ひとりの被爆状況や悲惨な死の状況が記録されている。一例を挙げるなら、高等女学校一年生だった川崎寧子《かわさきやすこ》さん(十三歳)は広島市内の動員先の建物疎開作業現場で被爆したらしく、遺骨すら見つからなかったが、母が和服の生地を使って仕立ててやった上衣だけがボロボロになって近くの橋にひっかかっていた。たった一人の悲劇であっても何と重いことか。その上着の写真がこの写真集に収められている中の一点だ。/そうした写真の一点一点をじっくりと見ていくと、広島の原爆被災は「死者約二十数万人」などという表現では表面的でしかなく、一人ひとり様々な悲劇が二十数万件も同時に起きた事件なのだというとらえ方をしないと、真実に迫ることはできないのだとわかってくる」(柳田邦男「風化を拒否する表現」、石内都『ひろしま』、集英社、二〇〇八年、栞九頁)。ただし、『ひろしま』や

『From ひろしま』（求龍堂、二〇一四年）に記されている個々の被爆資料の情報は寄贈者のものだけであることに注意したい。ある意味では当然のことだが、石内の〈ひろしま〉シリーズは写真のみを提示するものであり、言語ではなくイメージによってそれを身につけていたひとを想起させる作品だといえる。

*12 『石原吉郎全集・II』、一七頁。

*13 同書、一一－一二頁。

*14 イタロ・カルヴィーノ『見えない都市』米川良夫訳、河出書房新社（河出文庫）、二〇〇三年、二一四－二一五頁。

*15 Alexandre Zinoviev, *Nous et l'Occident*, traduit du russe par Wladimir Berelowitch, Gallimard, 1981.

初出
「群像」隔月連載　二〇二二年二月号〜二〇二三年八月号
書籍化にあたり改題、加筆修正しました。

伊藤潤一郎（いとう・じゅんいちろう）

1989年生、千葉県出身。哲学者。新潟県立大学国際地域学部講師。著書に、『ジャン＝リュック・ナンシーと不定の二人称』（人文書院、2022年）。訳書に、ナンシー『アイデンティティ――断片、率直さ』（水声社、2021年）、ナンシー『あまりに人間的なウイルス――COVID-19の哲学』（勁草書房、2021年）など。

「誰《だれ》でもよいあなた」へ――投壜通信《とうびんつうしん》

二〇二三年一〇月二四日　第一刷発行

著　者――伊藤潤一郎《いとうじゅんいちろう》

発行者――髙橋明男

発行所――株式会社講談社

東京都文京区音羽二－一二－二一

郵便番号　一一二－八〇〇一

電話　出版　〇三－五三九五－三五〇四

販売　〇三－五三九五－五八一七

業務　〇三－五三九五－三六一五

印刷所――TOPPAN株式会社

製本所――株式会社若林製本工場

JASRAC 出 2307053-301

ISBN978-4-06-533337-2

KODANSHA